自公の罪 維新の毒

次こそ政権交代。7つの解毒剤

冨田　宏治
関西学院大学教授

古賀　茂明
政治経済評論家

佐高　信
評論家・ノンフィクション作家

上　昌広
医学博士・医療ガバナンス研究所理事長

藤原　辰史
京都大学人文科学研究所准教授

上西　充子
法政大学教授

内山　雄人
映画監督

西谷文和・編

日本機関紙出版センター

はじめに

「自民単独で安定多数。立憲減、維新躍進」。選挙翌日の新聞各紙にはこんな見出しが躍った。この結果を受けてアベやスガと会食しているコメンテーターたちや「連合」幹部が「立憲民主党が議席を減らしたのは共産党と手を組んだからだ」と騒ぎ立てている。確かに立憲民主党は13議席を失った。選挙前には「躍進か？」と予想されていただけに、大手メディアの報道だけを見れば「かなり下手を打ったんだな」という印象を受ける。「それみろ、野党共闘は失敗したじゃないか」。コメンテーターたちが言うので、「やはり共産党と手を組んだら負けるのか」と感じた人も多かったに違いない。冷静に分析してみよう。

小選挙区・比例代表並立制の下では、政党の正確な力量は比例代表の得票数で示される。実は立憲民主党は19年参議院選挙の791万票から今回の1149万票へと大幅に得票数を増やしているのである。ではなぜ議席減になったのか？

それは、①約1万票以内で競り負けた所が31選挙区もあった、②枝野幸男代表が、共闘を求める市民の声と、共闘を壊そうとする「連合」の間で「股裂き状態」になり4党合意が遅れて準備不足のまま突入した、③自民党のお家騒動に過ぎない総裁選を大きく報道していた大手メディアが、有権者が投票できる総選挙になった途端に報道量を激減させ、投票率が上がらなかった。この3点に尽きる。実際には直前に共産党やれいわ新撰組が候補を下ろして一本化したので、立憲は小選挙区では議席を増やしている。つまり「野党共闘は失敗した」のではなく「野党共闘が不十分で遅すぎた」のだ。では御用評論家たちが「共産党と組むな」と言うのは何故か？　その答えは「それが一番怖いから」。野党4党がアベキシ政治を転換して、99％のための政治を行う。1％の権力者は既得権益を壊されるのでこれを許さない。だから「自民も野党もどっちもどっち」という論陣を張るのだ。

「どっちもどっち論」の間隙を縫って維新が躍進する。それはなぜか？　維新は今や組織政党になっていて各選挙区の地方議員がブラックなノルマをこなし、ドブ板選挙で勝ち上がる。一方、立憲民主党はほとんど地方組織が存在せず、「風が吹かなければ負けてしまう」。つまり投票率が低くなれば維新が勝つ。わかりやすいのが大阪。投票率6割を超える都構想の住民投票では維新は競り負ける。逆に5割そこそこの通常選挙では圧勝する。本書の第1章では、この構図を冨田宏治氏が見事に解明してくれている。ぜひ対談をお読みいただき、リストラを進めてきた「橋下、松井、吉村の毒」が全国に広がらないようにしよう。

第2章では「アベ、スガ、岸田の罪」を分析した。「自民党5つの大罪」を解説していただいた古賀茂明氏、「共犯者＝公明党の罪」を指摘するのが佐高信氏、「野党はだらしない」という呪いの言葉にダマされてはいけないと教えてくれた上西充子氏、映画「パンケーキを毒味する」の内山健人監督は、もっと選挙を楽しいものに、と提案している。そして最後に後手後手だった政府のコロナ対策。上昌弘氏は「自分では手を打たずに、民間病院や国民に負担を押し付けていた専門家の罪」を、藤原辰史氏は「戦争と感染症、農業と化学兵器のつながり」を歴史的に紐解かれた。

本書は「路上のラジオ」での対談を、放送できなかった部分も含めて書き起こしたものである。ぜひ最後までお読みいただき、「今度こそ野党共闘の勝利」をめざす運動の一助にしてもらえれば幸いである。

（「はじめに」を含め、本書はすべて敬称略）

もくじ――自公の罪 維新の毒 次こそ政権交代。7つの解毒剤

もくじ

もくじ

第1章

維新「躍進」と野党共闘

冨田　宏治
西谷　文和

維新「躍進」の謎を解明する

冨田　宏治（関西学院大学教授）

野党共闘を活かしきれなかった

——今回の総選挙、自民党がそれほど減らず、立憲が伸びないどころか議席減。結果として維新だけが急増するという残念な結果に終わりました。

冨田宏治　10月31日の投開票日。選挙速報を見ながら悔しくて眠れませんでした（苦笑）

——私もやけ酒をあおってました（苦笑）

冨田　翌朝、確定した得票数を分析しました。結論からいうと、それほど驚くべき結果ではなかった。小選挙区制度の歪みがモロに出ていて、得票数と議席数がかなりズレているのです。

——得票数51％でも当選しますからね。あとは全て死に票。

冨田　候補が乱立したところも多数あったので、半分以下の得票でも8～9割の議席を取れます。これでは正確に民意を反映できないから比例代表を置いて調整をしようと、並立制にしています。しかしこの間のリストラで国会議員の定数を511から465へ削減していて、減らしたのは主に比例の部分。つまり、より民意が反映しにくい制度になっているのです。

——投票率もそれほど上がりませんでしたね。

冨田　はい。約5割の人々が棄権する。残りの3割を自民、公明、維新が。そして2割を立憲、共産、れいわ、社民などの野党が獲得しています。

――いわゆる5対3対2の法則が今回も。

冨田　これがそのままだったというのが今回の大問題です。野党が共闘したのだから、5：3：2が崩れて、5割の棄権層のうちの1割、つまり1千万票くらいが野党共闘に入れるだろう、と予想していたのです。

――私も期待していました。棄権している5割の人々は、今までのアベスガ政治、自公政権に嫌気がさしたから選挙に行かなかったのではないか。もし無党派と呼ばれている彼らのうちの1割が投票に行ってくれれば、自公維の保守には入れない。2割の立憲野党に入れるはずだ。そうなれば4：3：3になって政権交代もありうる、と。

維新躍進と自民単独過半数を報じる朝刊

冨田　今、西谷さんは無党派の人々と言いましたが、正確には「かつて民主党に入れた人々」です。2009年の総選挙では投票率が約69％。つまり全体で2千万票も多かった。その多くが民主党に入れたのです。

――あの時の政権交代は「その2千万票」の結果でしたね。

冨田　だから「まだ2千万人が眠っている」のです。それとずっと選挙に行っていない3割の

表1：21年総選挙と19年参議院選挙での比例票（単位：万票）

	自民党	公明党	維新	立憲民主党	国民民主党	日本共産党	れいわ新撰組	社民党
2021年衆議院	1991	711	804	1149	259	417	221	102
	合計：3506			合計：2148				
2019年参議院	1771	653	490	791	348	448	228	104
	合計：2914			合計：1919				

人々。失業して途方に暮れていたり、食うや食わずの生活を余儀なくされたり、シングルマザーで掛け持ちでパートをしていたり。投票に行くどころか、政治に関心を持つゆとりさえない人たちがいます。

——この3割は、コロナでさらに増えているのでは？

冨田　そうです。かつて民主党に入れた2割の人々に「もう一度選挙に行こうよ」という働きかけと、本当に困り果てて、政治に関心をもつゆとりすら持てない人々に寄り添って、生活を再建できる希望ある政策を提示する。これが出来ていなかった。私は当初「野党共闘が実現したので、投票率が上がるだろう」と期待していました。しかし甘かった。野党共闘という投票率を上げる条件は整った。しかし生かしきれなかった、というのが現実でしょう。

支持層は中堅サラリーマンや自営業で成功している人たち

——自民党、立憲民主党などの得票数ですが、現実にはどれくらいだったのですか？

冨田　自公維で約3506万票、立憲、共産、国民、れいわ、社民の野党5党で2148万票（表1）。19年の参議院選挙では自公維が2914万票なので今回約600万票の上積み。一方、野党5党はこの時1919万票

表2：比例票　過去10年の経緯　（単位：万票）

	2012衆	2013参	2014衆	2016参	2017衆	2019参	2021衆
維新	1226	653	838	515	338	490	804
自民	1662	1846	1765	2011	1855	1771	1991
公明	711	756	731	757	697	653	711
立憲民主					1108	791	1149
国民民主						348	259
共産	368	515	606	601	440	448	417
れいわ						228	221
社民	142	125	131	153	94	104	102

だったので、今回は約200万票の上積み。

――えっ、惨敗の野党も票を増やしているのですか？

冨田　そうです。票を増やしても議席は減らす。これが小選挙区のマジックです。ちなみに自民党単独でみると、19年1771万票で今回が1991万票と若干増。維新は19年490万票で今回は804万票と1人勝ち。

――倍増してますね。

冨田　ところが維新は橋下時代の12年総選挙で1226万票も取っています（表2）。16年に515万票と半減し、17年は338万票。これが底で、19年に490万、今回が804万。つまり維新は1000万票を獲得する底力があり、いまはかつての3分の2しか取っていない、とも言えます。

――維新といえば政治とカネ、女性スキャンダルはもちろん、市長室にサウナを持ってきたヤツがいたり、秘書が酔っ払って知人を車でひき殺そうとしたり、「犯罪者集団」と呼んでもおかしくない政党だと思います。なぜそんな政党に1000万もの支持が集まるのでしょうか？

冨田　一貫して新自由主義的「改革」を唱えているからです。よく維新を支えているのは貧困な若年層で、現状の改革を望んでいるからだ、と言われますが、これは全くの幻想。実際の支持層は中堅サラリーマンや自営業で成功している人たち。

――いわゆる「勝ち組」ですね、カギカッコ付きの。

冨田　俺たちは一生懸命がんばって働き続けている。そんな俺たちの稼いだ金を税金で持っていかれて、怠けている生活保護受給者や公務員になぜ「分配」されないといけないんだ、という価値観。かつて千葉1区から出馬した長谷川豊という人物が「自業自得の人工透析患者なんて、全員実費負担にせよ！　無理だと泣くならそのまま殺せ。今のシステムは日本を滅ぼすだけだ」と言いましたが、こうした価値観。でもこの20数年間を振り返ってみれば、新自由主義がはびこるのも当然なんですよ。自己責任だ、官から民へ、競争に勝ち残れ、と言い続けてきたわけですから。

――「竹中平蔵の頭」になった人たちが一定数いる。

冨田　だってビジネスマンが一番の多数派でしょう。今回の出口調査を見ても40代、50代の男性に維新支持者が多い。ネクタイ締めてスーツ着て第一線でバリバリ仕事をしている人たち。同時に「連合」という労働組合の罪。選挙後すぐに国民民主党が維新に秋波を送っているでしょ。あれは「連合＝国民民主」の組合員であるサラリーマンと維新の支持層が重なっているからですよ。つまり維新の潜在的な支持基盤は、合わせると2～3千万人もいる。これが大阪ではゴッソリと維新に流れた。全国的にはこの層は国民や立憲にも流れたので、大阪ほどの得票はなかったのですが。今回の総選挙では岸田首相が「分配と成長」と言い出したでしょ。

唯一新自由主義の旗を掲げた維新

――そう、当初は分配が大事。新自由主義と決別して「新しい資本主義」を、と。

冨田　最初はそう言って総裁選挙に臨んだ。

――すぐにトーンダウンして、金融所得課税も引っ込めて「まずは成長」と、アベノミクスに戻りましたが。

冨田　瞬間的には、自民党は新自由主義と決別しようとした。だから自民党の内部で「新自由主義か、そこからの脱却か」で揺れたんです。

――立憲野党はずっと「まずは分配だ」「国民生活の底上げだ」と言い続けていましたね。

冨田　そう。これを選挙の争点にし切れなかった。その中で唯一新自由主義の旗を掲げていたのが維新だった。維新の松井党首は「身を切る改革」「さらなる規制緩和で成長だ」と。

――それではますます格差が広がり貧困化するのですが、有権者は迷ってしまう。特に今は第二次ベビーブーム世代が企業の中心を担っています。彼らは競争競争で追い立てられ、そこを踏ん張って生きのびてきた、と感じている。「俺たちを苦しめてきたのは古い政党たちだ。自民や公明、共産は信じることができない」と思っているのかも。

冨田　しかも援軍のように矢野康治財務事務次官が文藝春秋に「財務次官、モノ申す」という論文を出した。「このままでは日本は破産するぞ」と脅かした。つまり野党の「まずは分配」をつぶしにかかったのです。

――あれは麻生財務大臣（当時）の許可があった、と言われています。自民党や財界の中で野党や岸田の考えを壊さないとダメだという勢力がいたのでしょうね。

冨田　だから維新は「８００万票で止まった」のです。岸田がアベ、麻生側に付いたから、自民に票が戻った、とも言えます。

地方組織から生まれた政党

——維新が出てきた時、つまり橋下時代は「風頼みの政党」でした。稀代のペテン師ともいうべき橋下の口車に乗せられて、旋風が吹いた。しかしその後の維新は組織政党に生まれ変わっていく。大阪ではものすごい数の府議会議員、市議会議員を擁して、彼らが体育会系のノリで毎日駅立ち数十回、握手１日数百人とか。

冨田　毎日６００回の電話かけ、ですよ。市会議員、府会議員たちは日頃から町内会の行事で例えば盆踊りや区民体育祭、小中学校の卒入学式などに顔を出して名刺交換して名簿化している。そしてそこに電話をかける。議員と支持者だけではノルマをこなせないから、ビラ配りなどにアルバイトを雇ってね。

——そうそう、今回も選挙違反だ、と維新の関係者が捕まっていました。

冨田　都構想の住民投票でも。電話作戦、駅立ち、ビラまきなどアルバイトを雇ってね。厳密にはこれら全て選挙違反なのです。今、体育会系と言われましたが、むしろブラック企業に近い。

——維新とは逆に立憲民主党はほとんど地方組織がない。そして共産党の運動員は高齢化している。つまり今やリベラルな政党、つまり立憲や共産が「風頼み」になっている。だから「投票率が下がるほど維新が勝つ」のですね。

冨田　そうです。だからこそ5：3：2の壁を破らなければいけない。立憲野党側が5割の棄権層から1割、1千万票を掘り起こさないと選挙には勝てない。22年夏の参議院選挙に向けて急いで地力をつけないと勝てません。

――この基本的な違いはどこから出てきたのでしょう？

冨田　維新と立憲はともに新しい政党なのですが、決定的に違うのが「維新が地方組織から生まれた政党」。立憲は「国会議員が止むに止まれず結成した政党」だということ。

――そうでした。維新のルーツは、大阪維新の会として橋下知事時代に。

冨田　だから地方議員を大事にする。地方議員こそが主力。今や大阪には200名にものぼる地方議員がいるのかな。尼崎や西宮など阪神間を入れるともっと多くなりますね。

――守口や豊中などの大阪の衛星都市、市議会の定数が20～30程度の所で「1～5位まで全部維新」のような現象が起きています。

冨田　私の地元、兵庫県の西宮市でもそうですよ。これは維新がドブ板選挙をしているからです。昔はこれを公明党や共産党がしていました。逆に立憲民主党は17年の希望の党騒動の時に、小池百合子から「排除しますわよ」と切られそうになった側、枝野代表が捨て身で結成した政党です。まぁ昔の民主党も国会議員は多いけれど地方議員は少なかった。地方組織がないから、「連合」に頼らざるを得ない。

野党5党は得票を増やしたが

――その「連合」が共産党と組むな、と圧力をかけるので、野党共闘がなかなか進まない。枝野代表は、いわば「股裂き状態」だったわけですね。

冨田　多分、立憲民主の候補者は「連合」の手を借りなければ、ポスター張り一つできない。

――一つの小選挙区に何百という掲示板。あれを候補者個人とその周辺だけでは張り切れません。その手足となってくれる地方議員ですが、確か大阪では大阪市議会には立憲民主党ゼロ、府議会にも1人か2人。

冨田　そうです。なのでドブ板選挙をやる人がいない。だから辻元清美さんでも負けてしまった。

――世論としては「アベスガ政治を許さない」「野党はまとまって戦え」でしたが、枝野は最後まで揺れてしまった。

冨田　逡巡していたのでしょう。ようやく野党統一候補を確定できたのは選挙の直前。確か総選挙の公示1週間前だったかな。

――9月8日に4野党が政策合意をして消費税5%とか原発ゼロでようやくまとまってくれた。しかしその時はすでにスガが辞任を発表した後で、自民党総裁選挙が始まっていて大手メディアは総裁選一色。もっと早く4党が合意していたら、メディアもそれを報じざるを得ない。枝野の逡巡が痛かった。というより「連合」の存在が邪魔だった。

冨田　そこを岸田はちゃんと分かっていて、総選挙を1週間早めたんですよ。野党がもめて、候補者を一本化できないうちに選挙だ、と。

——共産党とれいわはある種「大人の対応」をして、譲歩に次ぐ譲歩で候補者を降ろしました。例えば東京8区の山本太郎は、自らが降りて立憲民主党の応援に回った。しかし立憲民主党はずっと「冷たい野党共闘」でした。枝野は共産党の志位委員長と演説をしても、一緒には写真撮影しなかった。

冨田　「連合」から言われていたのでしょう。共産党と並ぶな、と。

——でもそんな「連合」の言いなりになって、原発や大企業の内部留保、貧困解消の問題で曖昧な態度を取り続けてきたから、支持率が低迷していたのでしょう?

冨田　そうです。そこが自力で戦える維新と「連合」頼みの立憲民主党の違いでもありました。でもね、立憲民主党が負けたと言われていますが、今回1149万票も獲得しているんですよ。19年の参議院選挙では791万票。すごく伸ばしているのです。

——「まずは分配だ!」と言った立憲民主を支持する人々も多かったのですね。

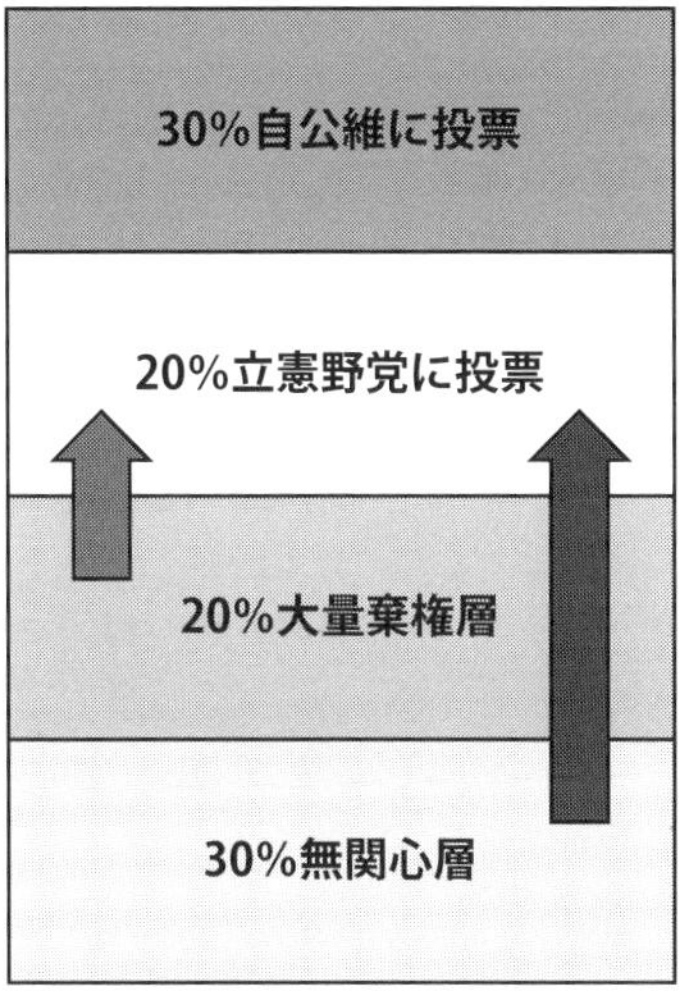

野党共闘の底上げをめざすためには

冨田　議席数で大きく負けていますが、得票数では負けていない。なので枝野代表が辞任に追い込まれるのも少し可哀想だなと思います。

——小選挙区でも1万票以下の大接戦で競り負けた、というところが多かった。

冨田　31選挙区もあります。

——野党がもう少し頑張れば、オセロみたいにひっくり返ってましたね。

冨田　31選挙区であと1万票上積みができていれば、自民は230議席で単独過半数割れ。逆に立憲民主は127。あと1万票が取れれば、比例票も増えるので、比例復活する人が出てきます。こうなれば与野党伯仲。また全然違った景色が見えてきます。

――選挙後のメディア報道も違っていたでしょうね。

冨田　そうなっていれば、「野党共闘が功を奏した」「1強の自民党はこれから試練の時だ」と、そして「岸田退陣か？」という風になってますよ。

――今はメディアが、特に政府寄りの御用評論家たちや「連合」の幹部が、共産党と組んだから負けたんだ、「立憲共産党」では選挙に勝てない、などと野党共闘を盛んに攻撃しています。しかし、もし共闘していなければ、立憲民主党は壊滅的な打撃を受けていたでしょう？

冨田　そうです。共闘で勝ち上がったのです。そして野党5党は得票を増やしています。もし全ての選挙区で1万票が上積みされていれば、投票率は3％程度上がることになります。もし5％上がったら、さらに野党票が積み上がるので、全く違った景色になります。

――でも選挙って、その1万票が難しい。

冨田　はい、その通り。一番重要なのは「かつて民主党に入れた人たち」2千万人にちゃんとしたメッセージを届けることです。

候補一本化で3分の1以上を

――最後に22年夏には参議院選挙があります。今回の総選挙の結果から教訓を学んで、私たち立憲野党と共に歩もうとする市民の側は、今後どうしていけばいいと考えていますか？

冨田　次の参議院選挙は平和憲法、特に9条が争点になります。衆議院では維新を合わせて改憲勢力が3分の2を超えてしまった。参議院もそうなると憲法改悪の発議ができるようになってしまいます。何としても立憲野党が3分の1以上を獲得しなければなりません。

――全国に32ある1人区で、野党が共闘して候補を一本化しなければダメですね。

冨田　それは必須条件。さらに2～4人区でも勝てるような地力をつけないとダメです。もし野党が勝利して衆参がねじれたら、自民党は早期に衆議院を解散するかも知れません。

――ねじれ国会では法案が通りませんからね。

冨田　そうです。早ければ2年後にも総選挙があるかも。そしてこの時が勝負です。多くの小選挙区では、すでにまがりなりにも野党統一候補がいるのですから、この人を「われわれの候補」と決めて、その候補者を育てていく。地域で政策協定を結び、共通の得票目標を持つ。あと1万票とか2万票とか、具体的なゴールが今回見えたのですから。どうしたら自民公明、あるいは維新の候補に勝つことができるのか、それぞれの地域で主体的な行動を今からやって行くしかないと考えています。

――そうですね、参議院選挙まであとわずか。何としても改憲勢力3分の2を止めないと。この選挙の冷静な分析で、今後の希望やなすべきことが見えてきました。今日はどうもありがとうございました。

冨田　ありがとうございました。

この対談は21年11月6日に行われました。

維新のウソと野望に騙されるな

西谷　文和（フリージャーナリスト）

武富士の弁護士だった吉村大阪府知事

大阪の吉村洋文知事がかつてサラ金大手武富士の弁護士であったことは結構有名だ。バブル時代、40%を超える金利で莫大な利益を上げていた武富士。そのド派手なコマーシャルを覚えている読者も多いことだろう。サラ金大手の急成長に比例して、当然ながら自己破産者が急増する。そのアコギな商法を批判する記事を書いた複数のジャーナリストに対して、武富士は1〜2億円という巨額な賠償金を求める裁判を起こした。いわゆるスラップ訴訟である。裁判の行方に注目が集まる頃、武富士の武井保雄会長が「耳の件」で逮捕され、失脚する。会長が自社の幹部職員やジャーナリストを盗聴していたことがバレたのだ。

この時、武富士の被害者側に立って裁判を闘っていたのが宇都宮健児弁護士。そう、東京都知事選挙に挑んだ人権派弁護士の宇都宮さんだ。もし都民が「緑のたぬき」のウソを見抜いて、宇都宮さんを知事に選んでいたなら、結構わかりやすい構図が出来上がっていた。西の大阪はサラ金とカジノ側（どちらもヤクザ系）に立った吉村、東の東京はその被害者を救出し、オリンピックを中止してコロナ対策に全力をあげたであろう宇都宮、という図式である。

吉村知事が武富士の弁護士で、橋下徹元知事がアイフル系子会社の弁護士であったことはよく知られているのだが、松井一郎大阪市長の父親である松井良夫元大阪府議会議長が、右翼で日本船舶振興会会長の笹川良一の下で働いていたことはあまり知られていないようだ。実際、松井市長は「若い頃はヤンチャして（本人談）」大阪の高校を退学寸前で、笹川良一が理事長を務めていた福岡工業大学付属高校に編入させてもらっている。２０１２年5月24日号の「週刊文春」によると、喫煙などの不良行為で退学になりそうなところを、父の良夫が「わしは府会議員や、わしの息子やということが分かっとるんか！　タバコぐらいどうやっちゅうねん」と怒鳴り込む。それでも筋を曲げない高校に業を煮やした松井親子は、福岡工業大学附属高校の試験問題を事前に入手。ところが松井は問題を見ても「わからんわ、こんなん」とサジを投げたため、解答を丸暗記して試験に臨み無事に合格した、という。

さてその父親の松井良夫であるが、住之江競艇の電気設備を一手に引き受ける株式会社大通を設立し、莫大な収益を上げる。その流れで豊富な資金力を持つ良夫が自民党の大阪府議会議員になり、二世議員として一郎が府議会議員になったのである。実際に私は80名を超える大阪府議会議員の資金力を情報公開請求で閲覧したところ、当時の松井一郎大阪府議の所得は断トツ。これは府議会議員の報酬と、大通社長としての収入が合算されていたからだ。ちなみに２００７年から10年にかけて、松井一郎府議は2人の秘書を抱えていたのだが、この給与を株式会社大通が支払っていた。これは「大通」からの寄付に当たるが、この金額を政治資金収支報告書に記載していなかったので、私は政治資金規正法違反（不記載）だと、12年10月に「政治資金オンブズマン」の弁護士らとともに松井一郎知事（当時）を刑事告発した。大阪地検特捜部は告発状を受理したのだが、残念ながらこれは不起訴になった。そしてこの年の暮れに第二次アベ政権が誕生し、暗黒のアベスガ政治9年間が始まったのである。

出所：ANNNEWS（2016年12月24日）

元松井府知事の認可が森友事件のきっかけ

その後、大阪維新とアベスガが暗闘する。アベ元首相の祖父はあのA級戦犯容疑者の岸信介元首相、松井一郎大阪市長の父親はやはりA級戦犯容疑者笹川良一の元子分。そう、この2人は「右翼つながり」で、毎年年末になると、アベ、スガ、松井、橋下の4人が都内のホテルで会談するようになる。

巷間言われているように、この4人で「悪魔の取引」が始まったと見るのが自然だ。14年7月、アベ政権が集団的自衛権の行使を閣議決定で認めた。これは日本が外国で戦争をすることにつながるのだが、これを15年9月の安保法制の強行採決で法律にしてしまった。この頃、大阪維新側は大阪都構想を実現させて、カジノを誘致したかった。カジノを誘致するためには、起爆剤が必要だ。だから大阪万博。つまりアベ政権の宿願である憲法9条の改悪を大阪維新の会が後押しする代わりに、国を挙げて大阪万博を誘致する。そしてそのお祭り騒ぎの中で、大阪湾の夢洲に万博会場と巨大な博打場を建設する。そうなれば、巨大工事を引き受けるゼネコンは喜び、ギャンブル依存症が増えるので、そこに貸し付けるサラ金は「太い客」をつかむことができる。もちろん「その筋の人々」もカジノでマネロンができるし、何よりカジノとヤクザはセットである。

このアベ、松井の右翼つながりは意外なところにも露呈している。それは森友事件だ。森友問題は国有地にゴミが埋まっているというストーリーを作って、約8億円の値引きをして籠池泰典氏側に売却。その際の公文書が改竄され、赤木俊夫さんという気骨ある公務員が自死された事件であるが、その大元は大阪府による学校法人の認可であった。つまり森友学園に対して、大阪府教育委員会私学審議会の委員たちが認可を渋っていたにも関わらず、大阪府が強引に臨時の審議会まで開催して認可させたことに端を発している。背後にいたのがアベ、アッキーと松井知事。自己資金が不足している上に、幼稚園児に教育勅語を暗唱させている学園を、本来なら認可適当にするべきではなかった。逆に言えば、ここで認可しなければ、この問題は起こり得なかったのだ。森友問題の発覚直後に、よくニワトリ（国）が先かタマゴ（大阪府）が先か、と互いに責任をなすりつけていたのだが、事実はタマゴが先だった。そのお先棒を担いだのが当時の松井知事である。

17年3月、参議院の証人喚問に出席した籠池氏は山本太郎氏（当時自由党）の「ハシゴを外された』と強くお感じになる、怒りを覚えた政治家、3人ほどでも結構です。何人でも結構です。お答えいただけますか」という質問に対して「大阪府知事です」「大阪府知事以外で、『ハシゴを外された』と強くお感じになられる方はいらっしゃいますか」「大阪府知事です」と証言した。その後私は「路上のラジオ」でゲストに呼んだ籠池氏に「山本太郎さんにもう一度、ハシゴを外された政治家は？と聞かれたらなんと答えたましたか」と尋ねたところ、「安倍晋三です、と答えるつもりでした」との回答だった。籠池氏はもともと日本会議の会員で正真正銘の右翼だった。ここでも松井、アベの右翼つながりが悲劇を生んでいたのだ。

コロナ犠牲者ワースト1の背景に、維新府政失敗の12年間

次に「イソジン吉村と雨ガッパ松井」によるコロナ失策について振り返ってみよう。大阪で第4波の感染爆発が起きるのが、21年3月から5月にかけて。あろうことか吉村知事はその前月、2月中旬から国に対して緊急事態宣言の前倒し解除を要請し、2月末日で解除してしまった。その後感染爆発が起きて、慌てた知事は4月にまん延防止等重点措置を出した。しかし爆発は止まらず医療崩壊の事態を招き、自宅療養という名の自宅「放置」によって死亡者が続出した。6月11日付の「東京新聞」によると、21年1月から5月の5カ月間で、コロナによる自宅死119名のうち、大阪は28名でワースト。特に4～5月の2カ月間で25名が病院に行けないまま、自宅で貴重な命を失っている。この背景には何があるのだろうか？

それはこの12年間にわたる大阪維新の失敗だ。2008年から橋下知事、12年から松井知事、19年から吉村知事と3代にわたる維新の知事によって、大阪の公立病院と保健所はすさまじいまでにリストラされていた。例えば、医師や看護師など全国の病院職員は、21・8万人から20・3万人と6％強の削減であるが、大阪はこの12年間で50％強を削減。全国平均よりも8倍の病院関係職員を減らしていたのだ。保健所を含む衛生行政職員数は、全国で15・9万人から13・5万人と15・4％

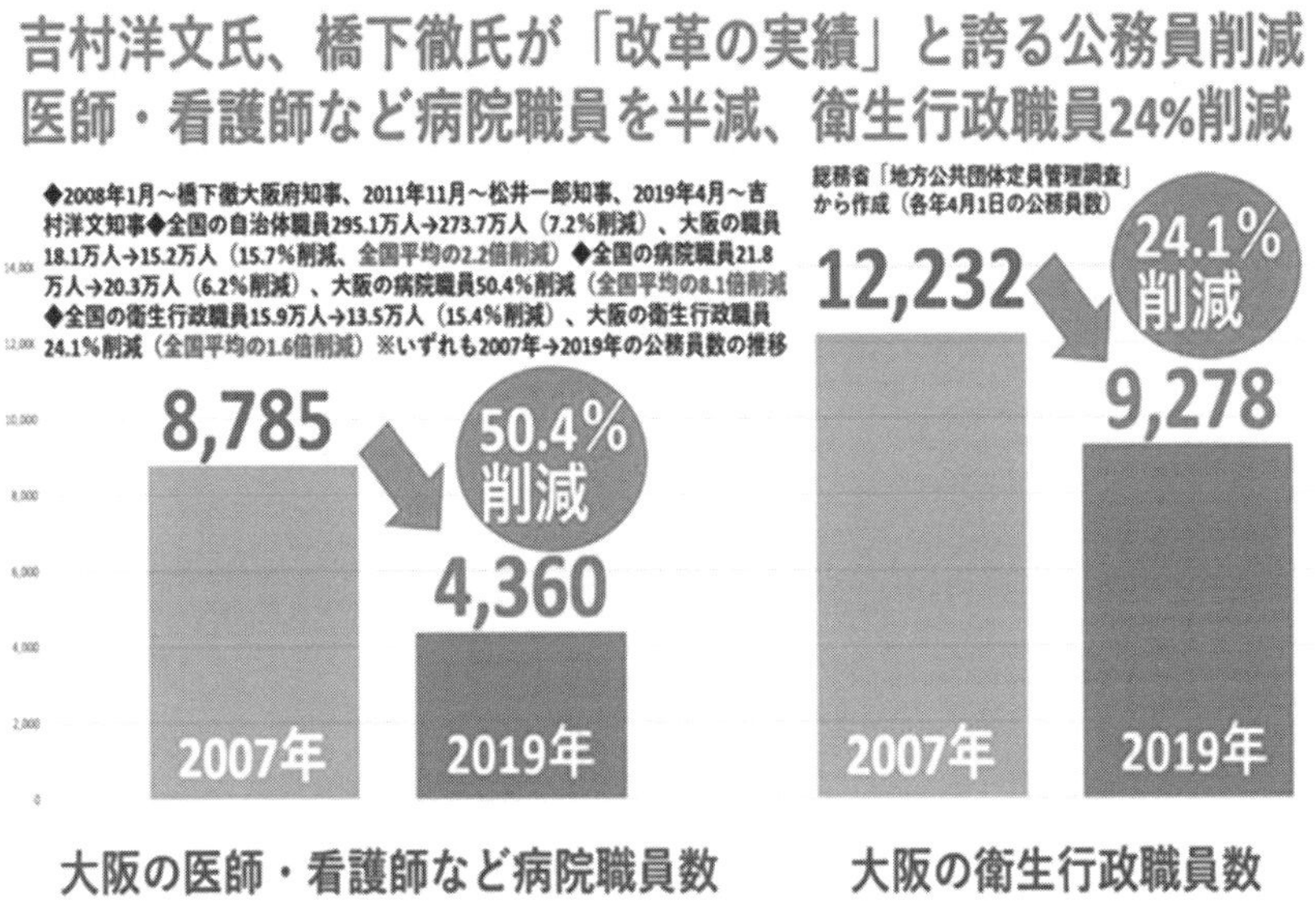
吉村洋文氏、橋下徹氏が「改革の実績」と誇る公務員削減
医師・看護師など病院職員を半減、衛生行政職員24%削減
◆2008年1月～橋下徹大阪府知事、2011年11月～松井一郎知事、2019年4月～吉村洋文知事◆全国の自治体職員295.1万人→273.7万人（7.2%削減）、大阪の職員18.1万人→15.2万人（15.7%削減、全国平均の2.2倍削減）◆全国の病院職員21.8万人→20.3万人（6.2%削減）、大阪の病院職員50.4%削減（全国平均の8.1倍削減
◆全国の衛生行政職員15.9万人→13.5万人（15.4%削減）、大阪の衛生行政職員24.1%削減（全国平均の1.6倍削減）※いずれも2007年→2019年の公務員数の推移
総務省「地方公共団体定員管理調査」から作成（各年4月1日の公務員数）
8,785
50.4%削減
4,360
2007年
2019年
12,232
24.1%削減
9,278
2007年
2019年
大阪の医師・看護師など病院職員数
大阪の衛生行政職員数

提供：国公労連・井上伸

削減されているが、大阪は24・１%。こんなに職員を減らしていたので、ＰＣＲ検査を求めて保健所に電話をしても繋がらないし、救急車で入院先を探しても、受け入れてもらえず手遅れになった人が続出したのは当然である。さらに言えば吉村知事が自慢しているコロナ対応の衛生研究所。かつては大阪府立公衆衛生研究所と大阪市立環境科学研究所の２カ所だったが、「二重行政のムダ」と統廃合させて、職員を32%も削減していたのだ。

　ちなみに自宅放置されて、苦しみぬいた末にようやく入院できたものの、手遅れで重症化して亡くなるケースも多発している。五輪を強行した東京で第5波が来て、こうしたケースが話題になったが、こちらも大阪がワースト。人口１００万人あたりの死亡者は、東京が２２６・６人とワースト第4位だが、大阪は３４６・６人と断トツでワーストなのだ（２０２１年11月７

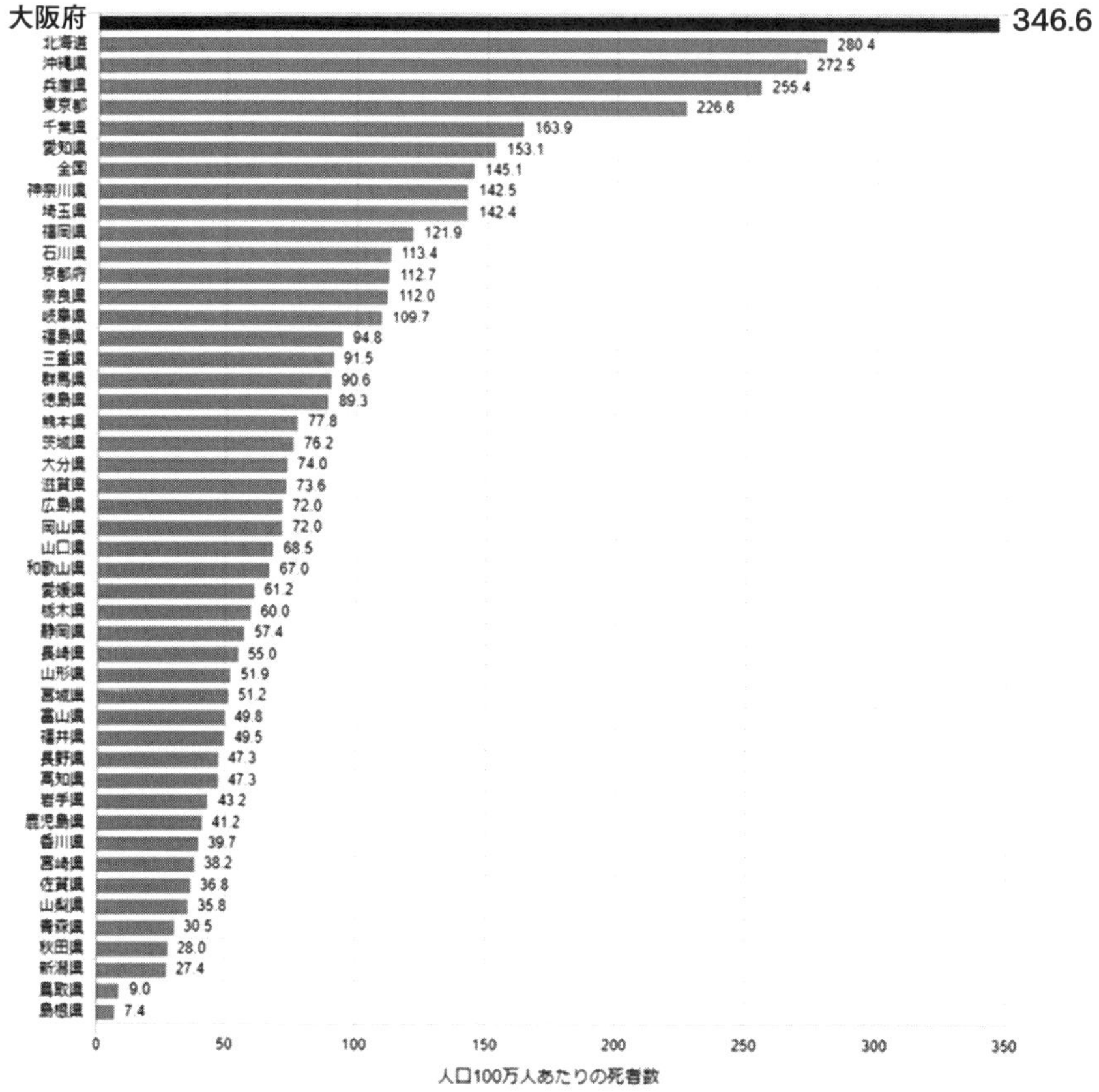

【都道府県別】人口あたりの新型コロナウイルス死者数の推移（2021年11月7日現在）
https://web.sapmed.ac.jp/canmol/coronavirus/japan_death.html

日現在）。

分かりやすいのが、大阪市南部にあった住吉市民病院の廃止である。この病院には人工呼吸器やエクモの取り扱い経験がある医師、看護師がいたのだが、橋下大阪市長（当時）によってやはり「二重行政のムダ」と、閉鎖されてしまった。近隣に大阪府立の同種の病院があるからムダだというわけだ。「結構敷地が広い病院だったので、コロナの隔離病棟も建設できたはず」。かつての病院関係者は証言する。パンデミックになって中国、韓国、アメリカ、ドイツなどが急ピッチで病院施設を整えた。こんな時期に病院解体工事をしていた大阪市は、「全世界的レベルでもまれな自治体」ではなかっただろうか。

かつて橋下大阪市長は「公務員が敵だ」「大阪府は倒産会社」とテレビで吠えながら、大規模なリストラを敢行した。その結果、大阪府のコロナ対策職員、大阪市役所窓口の職員が足らなくなった。で、その結果は？

人材派遣会社パソナが儲かった。例えば大阪市北区、福島区、中央区、港区、大正区、浪速区、西淀川区などの窓口職員はパソナから派遣された契約社員が仕事をしている。パソナの会長は竹中平蔵である。橋下が公務員を減らす→窓口業務が逼迫する→パソナが儲かるという構図。戸籍や住民票、税の証明書などには手数料がかかる。おそらくパソナが中抜きをしているので給料は少なかったのだろう、大阪府八尾市や大阪市大正区の契約社員がこの手数料を着服する事件が起きている。着服事件だけではない。契約社員が戸籍や納税といった個人情報をのぞき見できる仕組みだ。市役所職員であれば守秘義務があるが、民間の契約社員にはない。こんなことで個人情報は守られるのだろうか。

もう一つの例として、例えば時短協力金の支給問題がある。緊急事態宣言などの発出を受けて、居酒屋さんや旅行業界などは未曾有の危機である。時短協力金は業者サイドにとっては喉から手が出るほどほしい資金で、いち早く配布しなければならない。しかし大阪府の担当職員がリストラされているため、21年3月末時点で2～3人の職員で対応していたと言われている。当然この協力金

（参考）各区における委託料支出金額　（単位：円）

区	所管	委託先業者	支出金額
北区	市民局	（株）パソナ	43,201,794
	北区役所	（株）パソナ	4,577,205
都島区	市民局	富士ゼロックスシステムサービス（株）	38,033,704
福島区	市民局	（株）パソナ	30,880,050
	福島区役所	（株）パソナ	373,396
此花区	市民局	（株）パソナメディカル	29,108,292
中央区	市民局	（株）パソナ	43,849,488
西区	市民局	富士ゼロックスシステムサービス（株）	47,113,480
港区	市民局	（株）パソナ	33,331,316
大正区	市民局	（株）パソナ	29,178,157
	大正区役所	（株）パソナ	2,023,820
天王寺区	市民局	富士ゼロックスシステムサービス（株）	37,225,256
	天王寺区役所	富士ゼロックスシステムサービス（株）	4,559,076
浪速区	市民局	（株）パソナ	40,572,176
	浪速区役所	（株）パソナ	2,135,395
西淀川区	市民局	富士ゼロックスシステムサービス（株）	29,106,520
	市民局	（株）パソナ	6,799,490
	西淀川区役所	（株）パソナ	746,788

パソナの派遣社員の委託料（出所：大阪市市民局、各区「平成27年度委託料支出一覧」）

も「配布ワースト」になり、居酒屋さんから抗議の声が沸き起こった。慌てた吉村知事はこの時短協力金配布業務もパソナへ。1月末から6月までの配布業務を見積もりなしの入札、つまりパソナの言い値、約20億円で委託。ここでも維新の公務員削減によって竹中平蔵のパソナが大儲けするという構図が出来上がっているのだ。

21年6月2日、大阪・鶴見消防署の救急隊員がコロナで亡くなった。この隊員はゴールデンウィーク中の5月5日に陽性が判明し、1カ月弱の闘病の末、命を落とされた。

この年のゴールデンウィークは救急隊員にとって過酷だった。防護服

しんぶん赤旗　(2019年11月29日付)

大阪 市・区役所の窓口業務

パソナ契約社員 相次ぐ公金着服

手数料管理まで民間委託 いいのか

社会リポート

大阪府八尾市の市民課窓口業務を請け負う大手人材派遣会社パソナの契約社員の男(31)が、徴収した住民票などの証明書発行手数料を約1400万円も着服する事件が起きました。「民間事業者の創意工夫を活用する」(総務省)として公共サービスの民間委託が広がる中、公金管理まで事業者に委ねることに問題はないのか。　(隅田哲)

パソナが市民課の窓口業務を請け負う八尾市役所

市民課窓口業務を、同市がパソナに委託したのは2015年1月。レジ管理担当だった契約社員の男は、レジから手数料を抜き取って証明書の申請件数を過少にレジに入力操作。市に提出する日報にも不正操作後の金額を記載していました。16年4月～今年9月の着服件数は3万6000。1400万円に上ります。

パソナが打ち出した再発防止策は、毎日レジの現金と手数料の集計レシートに併せて、レジ内蔵の「ジャーナル」(訂正処理を含む全てのレジ操作の記録を印字したもの)を照合することなど。市もパソナが提出するジャーナルなどを毎日確認するとしています。

市は確認せず

「ジャーナルとレジの金額を照合していたら不正はすぐわかる。パソナは照合していなかったのでしょうか」。こう語るのは市役所窓口業務の経験があるパソナの元契約社員の女性です。「市もジャーナルを確認していなかったのは不思議です」

パソナと市のずさんさが浮かび上がります。問題は手数料の管理までパソナに委ねる中で事件が起きたことです。市民課の窓口業務につくパソナ社員は四十数人。大半が6カ月更新の契約社員です。偽装請負にならないよう市職員と直接話すことはできません。集めた手数料を金融機関に納めるのはパソナです。

大阪市大正区役所では窓口業務の手数料を管理していたパソナ契約社員が約450万円着服しています。発覚したのは17年1月。八尾市役所のパソナ契約社員の着服はその前年から始まっていました。横領金額は246万円(17年度)、735万円(18年度)と年々増大しています。

大正区の事件は再発防止に生かされたのか。記者の質問にパソナは回答しませんでした。

業務外閲覧も

民間事業者による公金の取り扱いは「住民の便益の増進に寄与する」場合に限りできるとあります(地方自治法施行令158条)。「公金横領があった企業への委託が住民の便益に寄与するのか」。日本共産党の田中裕子八尾市議の質問に、市は窓口混雑の柔軟な対応などを挙げ「便益はある」と回答。パソナとの来年9月までの契約を継続する姿勢です。

昨年7月には、大阪市阿倍野区役所の窓口業務を請け負うパソナ社員が業務外で市民の税情報を閲覧していました。市は個人情報の漏えいはないとしていますが、危うい事態です。

この約10年、政府は民間事業者ができる窓口業務の範囲を拡大。政府の民間議員でもある竹中平蔵氏がグループ会長を務めるパソナなどが参入してきました。窓口を民間委託している市区町村は404(昨年4月、総務省)。大阪府内は18市です(大阪自治労連調べ)。

「公金だけでなく、個人情報を扱う窓口業務は自治体業務の根幹」というのは大阪自治労連の丹羽野和夫書記長。「派遣会社などの民間労働者が守秘義務を守れるのか。住民の安全を守る自治体は民間企業への委託をやめるべきです」

出所：「しんぶん赤旗」2019年11月29日

は紙の素材で顔や首が露出している。救急車の中で治療を続けながら入院先を探すも、保健所の指示がないと病院へ搬送できない。「入院先、見つからず。丸2日近くかかったケースも」などの新聞記事が話題になった頃だった。隊員は救急車の中で感染したとみて間違いがないだろう。

メディアと吉本興業に騙されない

以上、具体例を挙げ

てきたが、これはほんの一例である。そしてその全てが橋下、松井、吉村という3代にわたる知事時代の失政が原因だ。在阪テレビ局は、大阪の100万人あたりの死亡者がワーストであることや、自宅「放置」されて亡くなった人もワースト、時短協力金も配布遅れワーストという事実がありながら、連日のように吉村知事を生出演させている。そして知事を持ち上げこそするものの、批判せず、なんとなく「スガよりマシかな」という誤解を与えてきた。なぜ在阪テレビ局は吉村知事、松井市長に甘いのだろうか?

その答えはカジノと吉本興業にある。横浜市長選挙でカジノ反対の野党系候補が勝利したので、横浜進出はなくなった。カジノ法では全国3カ所に限って認められているので、大阪が誘致する可能性が高まった。カジノは正式にはIR、つまり統合型リゾート施設なので、カジノの周りに国際会議場や大型ホテル、劇場などが林立する。この劇場の運営権を吉本興業が狙っているのだ。なぜ吉村知事が新喜劇に出演するのか?

それは「吉本興業と組んでいる」からだ。そしてテレビは吉本興業に牛耳られている。オリンピック同様、メディアもカジノや万博で広告収入を見込める。ワイドショーに出てくる吉本の芸人たちは、吉本興業トップの意向に忖度して、吉村、松井、橋下という歴代知事をヨイショする。そして有権者はそんな映像を連日見せられている。かくして「虚構の吉村人気」が作られてしまう。東京五輪同様、万博を開催してしまえば、巨額の税金が投入される。そうなればさらに病院や保健所、学校の予算が削減されて、さらなる命の危機がやってくる。東京や大阪の有権者がそのことに気づき、怒りを持って振り返った頃には、小池都知事も吉村府知事も逃げてしまって安全地帯に身を隠しているかもしれない。次の参議院選挙、統一地方選挙では、今度こそメディアに騙されず、まっとうな政治、命を大事にする政治を求めなければならない。

第2章

アベキシ政権を撃つ

古賀　茂明
佐高　信
上　昌広
藤原　辰史
上西　充子
内山　雄人

We are not ABE & KISHIDA

古賀　茂明（政治経済評論家）

相当無理して右翼になっちゃったな

——岸田内閣ができました。今までは「アベスガ政治」と呼ばれていたものが、今後は「アベキシ政治」になっていくわけですが、この岸田文雄という政治家、古賀さんから見てどんな印象を持っていますか？

古賀茂明　何回か会ったことがあるのですが、基本的には「商工族」ですね。昔の「商工委員会」、今は「経済産業委員会」に名称が変わってますが、この委員会に深く関わってきて、この分野の利権を守ってきた人ですね。いわゆる族議員、自民党にはいろんな族議員がいますが、岸田首相は典型的な商工族。経済産業省の役人で、ちょっと偉くなれば岸田さんと話をしてない人はいない。私も個人的な付き合いはないのですが、何か法律を作るとか、重要な政策を審議するとかの時は、必ず商工族の幹部に了解をもらいに行くんです。そこで岸田さんと話をする。30年くらい前から、何かと説明に行った記憶がありますね。性格的には優しくて温厚、しかし意外と淡白です。「お酒が強い」と言われているので親分肌かというとそうではない。いろんな大臣をやってましたが、大臣には秘書官が付きます。大臣と秘書官は同じ釜の飯を食った仲になりますから、ずっと付き合いが続いたりする場合が多いのですが、岸田さんの場合は、大臣の任期が終わればそれまで、という話も聞きました。ただ人当たりがいいですし、役人が説明したら「うん、うん、分かった」と受け入れる。「なんだこれは、お前バカじゃないか」などとは言わない。だから官僚も、嫌いな人はほとんどいないんじゃないかな。

――そんな人柄なので逆に言えば、アベカラーにも染まるしスガカラーにも。豆腐男（笑）というか淡白で真っ白なので、何色にも染まってしまう。

古賀　そうです。あんまり信念はないんじゃないかなー。唯一、ちょっとだけ感じるのは広島出身で、核兵器禁止条約については「批准したいなー」というのはあったようです。ただ広島出身といっても、中学・高校は開成なので、ほとんど東京で暮らしていたとは思うのですが。ただ核の問題以外は、アベさんに気に入られようと、ほとんど封印しちゃって。むしろもっと前のめりになって、憲法を変えろとか、一生懸命口走ってますよね。（苦笑）

――総裁選挙では、高市早苗と「どちらがアベに気に入られるかレース」（笑）みたいになってましたよね。

古賀　そう、高市が相手だからハードルを上げた。岸田さん、相当無理して右翼になっちゃったな（笑）と思いました。でもそれは本人がイヤイヤやっているのではなく、「まぁアベちゃんが言うんだから、仕方ないな」という感じですかね。

――人の話を聞くのが得意だ、と言いますが、話を聞いてるだけではダメですよね。聞き流しているだけかも知れないし。

古賀　例えばＮＨＫの「日曜討論」に出ますよね。自民党の政調会長をやってたこともあるから、野党の人と政策論争になりますよ。昨日、たまたま日本共産党の田村智子参議院議員とネット番組でご一緒したのですが、彼女が言ってたのは、番組の中でいろいろ岸田さんに質問すると「うーん、そうですね。あー、そうですか」（笑）という感じでね。

――聞いてるだけや（笑）

古賀　「何言ってるんですか」と反論するわけでもなく、「あーそうですか」と聞いてるだけで流しちゃうらしい。全然議論にならない。じゃぁ分かってくれたのかな、と思うんだけど、その後、全く無視されている（笑）。田村さんは「こういう人は珍しい」と。

結局「アベ政治を継続する」ことで決着

――岸田新政権になってアベのコントロールがより一層強まったのかな、と感じます。そんな中、スガが総理大臣辞任直前、最後っ屁のように中村格という人物を出世させたでしょ。警察庁次官から、なんと長官に。この中村格は伊藤詩織さん準レイプ事件の逮捕状をもみ消した人でもありますし、古賀さんも関連しますよね、テレビ朝日の報道ステーションで。

古賀　そうです。彼が一番「有名」になったのはあのレイプ事件。元ＴＢＳの記者で「アベ友」の山口敬之が伊藤詩織さんを準レイプした事件ですね。逮捕令状は裁判所が認めているんです。そもそもレイプは立件するのが難しい。それでも現場の警察は一生懸命がんばって、証拠を積み上げて裁判所に持って行き、「あーそれなら（逮捕状を）出してもいいよ」と。それで成田空港に。山口敬之が帰国するのを待っていました。いざ逮捕という時にこの中村が、おそらく電話で逮捕を止めた。彼の警視庁時代でしたね。ちょっと考えられない事件ですよ。「そんなの、ウソだろ」と思うレベル。これは相当やばいことなので隠すだろうと思っていたら、「週刊新潮」に聞かれて「いやー、当たり前のことでしょ」。だからこの人、すごい人ですよ。「俺のバックにはスガがいるし、アベがいるぞ」。だからこんなに強気のことが平気でできる。この人がテレビ朝日に圧力をかけてきた。私が報道ステーションで「I am not ABE」とフリップを出したことを覚えている人は多いと思いますが。

――２０１５年、ジャーナリストの後藤健二さんがＩＳに拘束されていた時ですね。

古賀　そうです。あれ、正しく理解している人が少ないと思うので正確に言うと、私が番組をやめたのが3月27日。この日に「I am not ABE」という紙を出した。そもそもそこに至った経過があります。あれを出したからクビになった、と思っている人が多いのですが、そうじゃない。事実は逆で、スガさんたちの圧力で「クビになる」と決まったから、あれを出したんです。元になった事件は15年の1月に後藤健二さんがＩＳに捕まって、最後は殺されましたが、この時にアベが中東のエジプトに行って演説するんです。「ＩＳと戦う周辺諸国に2億ドルを支援します」と、わざわざ言ってしまった。当時、後藤さんの奥さんが水面下で解放交渉をしていた。ところがこのアベ演説はＩＳへの宣戦布告に等しく、それまでの交渉が台無しになって処刑されてしまうわけです。これ、私はずっと見守っていて「とんでもないことだな」と憤りました。だからテレビ朝日のスタジオで「アベさんはＩＳと戦うなんて言ってるけど、日本人はそんなこと誰も考えていない。とにかく後藤さんを助けてほしいし、日本人は誰とも戦いたくないと考えているんです、これをちゃんと伝えないと世界中が誤解をする。だから英語で「I am not ABE」というプラカードを、私だったら掲げますよ」と発言したんです。

――それが1月のことですね。

古賀　1月23日だったかな。この番組オンエア中に中村格が、この時はスガ官房長官の秘書官だったんですが、テレ朝の同じ中村という編集長に電話してきて、「古賀は万死に値する」と抗議したんです。実はもう一人メールを入れてきた人物がいまして、彼は今、財務次官の、「スーパーで一生懸命、無料のビニール袋を取ってた」（笑）と話題になった矢野康治という人物。

――この矢野康治は最近「文藝春秋」で「財務次官、モノ申す」を書き、野党の「まずは分配」政策を牽制した。あの森友問題でも出てきた人ですね。

古賀　そうです。あの人も電話してきたんです。だけど電話に出たプロデューサーは肝がすわってて、「ふざけんな、バカやろー」みたいな、まぁバカやろーとまでは言わないけれど（笑）、何言ってるんですか？みたいな対応でその時点では握りつぶしてたんです。

――気骨あるプロデューサーでよかったですね。

古賀　ところが中村編集長の方は「大変ですよー」と大騒ぎ（苦笑）

――アベさん、スガさんが怒ってますよ（笑）と。

古賀　「これでは古賀を置いておけない」となって結局、早川洋会長が出てきました。この人はアベ友ですから「とにかくこいつをクビにしろ」。それで3月の番組改編時期に「こういうことがあったと、ちゃんと言わなくちゃいけない」とあの紙を出したんです。テレ朝への圧力の尖兵になったのが中村格。完全にアベスガ忖度で奉仕してきた人。

――そんな人が警察庁のトップになった。これは恐ろしいことですね。

古賀　恐ろしいですよ。岸田さんはアベの傀儡と言われていますから、岸田政権で何が起きても、警察は少なくとも政権を守るし、今後も「モリカケ桜を摘発したりしませんよ」という保証をつけたんです。

――黒川弘務が「官邸の守護神」と呼ばれていました。彼は検察官で定年延長させたかったが、できなかった。検察と警察は相互に影響するので、代わりに警察のトップをこの人物にすると、検察も「桜を見る会の捜査も広島の河井事件もやめとこか」となりませんか？

古賀　そう。これはスガの明確な意思表示ですし、岸田さんがアベに恭順の意を表しています。本当だったら捕まっていたかもしれない甘利明を幹事長に据える。これもすごいことですよ。

――大臣室でカネをもらったんでしょう？

古賀　これは検察に対する意思表示でもあります。要するに「これくらいのあっせん利得、収賄では捕まえたらいけない。わかってんだろうな」という。

――小渕優子が自民党組織運動本部長になりました。つまり「ドリル小渕」も役職についた。

古賀　そう、みんな復活しているわけです。

――正義を貫いた人、例えば石破茂さんみたいな人は干されて、小渕優子や甘利明が上がって行く。もうブラックジョークみたいな人事ですね。

古賀　そうです。この背景にはアベ強権政治が今だに続いている、ということ。今回の総裁選挙は、「アベ政治をやめるか、続けるか」ということでした。結局「アベ政治を継続する」ことで決着した。

――アベ、麻生、甘利の3Aが権力を握った。

古賀　その観点で言うと、河野太郎氏はアンチテーゼだったわけです、本来は。だから最初にそれをハッキリと打ち出して「今の政治は飽き飽きしましたよね、イヤですよね」と政策論の前に、政治姿勢とか政治を国民に取り戻しましょう、みたいなテーマを掲げて戦えばよかった。

――ウソをつかない、とか。

古賀　それを言えばアベ、麻生連合が怒るので「自分のことを認めてくれないのではないか」と。つまり断固とした戦う姿勢を見せたら勝てる、という構造をそもそも分かってなかったのだと思います。だから河野さんは一生懸命麻生のもとに通ってね。

――何度もお願いに行ってましたね。

古賀　結局、同じ派閥なのに応援してもらえなかった。あんまり尖ると、例えば「森友再調査」なんて言うと、アベさんが怒って細田派の議員が離れるんじゃないか。そんなことを心配してしまったわけです。しかし元々からアベ、麻生は岸田で行くし、河野をつぶすつもりだった。これを理解して最初から戦うべきだった。全面的に戦えば議員票で負ける。だから全国の自民党員に訴える、しかも5割ではダメで6割、7割の票を取る。そうすれば議員にもなだれ現象が起きる。「世論に支持された河野を引きずり降ろすのか」となる。岸田についたヤツは選挙に不利ですよ、と。私はよく石破茂さんと話をするのですが、今回は河野さんに石破さんも（小泉）進次郎もついた。一瞬爆発しそうになったでしょ。

――そうです。「小石河連合」と呼ばれて、全国行脚するかも、と。

古賀　そこでアベさんと戦う姿勢を見せれば、ブレークしたと思います。この時の殺し文句は「選挙になれば河野、石破、小泉が応援に行きます」「絶対、勝たせます」と。これがセールストークだった。この3人が地元に来てくれるの。だったら河野に入れようかな、と。こうなるためにはこの3人にめちゃくちゃ人気が出ないとダメ。

――そうですね。

古賀　だけど最初に躊躇したために「河野変節」なんて書かれてしまって。

――人気は頭打ちになりましたね。

古賀　それを感じて議員たちは「ヤバイな。河野は負けるかも。じゃぁアベさんの方に行こうか」となったんですよ。

地に落ちた倫理観

――そんなアベスガ政治が9年間も続きました。古賀さんは『官邸の暴走』(角川新書)という本を書かれていますが、「官邸の暴走」という観点から見れば、この9年間は恐怖政治だった、ということですか?

古賀　そうですね、私は「アベ政権ってほとんど何の成果もなかった」と考えているんです。レガシー(遺産)はなかった、しかし負のレガシーは残った。一つは官僚支配。これはスガ氏も官房長官としてかなり「貢献」して、総理になっても引き継いだ。

——スガと杉田和博副長官でね。

古賀　もう一つはさっきのマスコミ支配。テレビ局の社長や新聞社の社長たち全員がアベ「総理」と一緒にご飯を食べて「俺、ちゃんと見てるからね」と圧力をかけた。それに加えて高市さんが総務大臣の時に「言うこと聞かないと、電波止めちゃうかもしれないわよ」と脅かしてみたり。

——もう、独裁国家のレベル。

古賀　マスコミを押さえちゃった。次に「地に落ちた倫理観」。権力者っていうのは、普通は「李下に冠を正さず」。つまり悪いことをしなけりゃいいのではなく、疑われるようなこともしてはいけないのです。これが本来の倫理観。でもアベさんの倫理観は「捕まらなきゃいいんだ」（笑）。最近はさらにもう一歩進んで「捕まえさせなきゃいいんだ」。

古賀茂明『官邸の暴走』（2021年、角川新書）

——桜を見る会では、全て秘書の責任にしました。

古賀　捕まるかもしれないけど、起訴されなきゃいいんだ。だから検察を押さえてしまえば早いね、と。

——だから何としても黒川弘務をトップにしたかった。

古賀　そう。それくらい倫理観が地に落ちた。もう一つが「戦争ができる国にした」。

――安保法制ですね。

古賀　安保法制も共謀罪も。国家安全保障会議とか、全てが戦争できる方向に、軍備の増強もそうで、いつでもアメリカと一緒に戦争に行ける体制を、本当に作っちゃった。まだ（９１１事件みたいなものがなかったので）行かなかったからよかったのですが。この四つがアベ政治の負のレガシー。これをスガ政権が引き継いだ。この負のレガシーをどのように実現させたかというと、今井尚哉秘書官をはじめとする官邸官僚がアベスガと一体になって強力に推し進めた。これを称して私は「官邸の暴走」と名付けて本に書いたわけです。

――この今井秘書官は経済産業省の出身です。アベ政権は経産省主導の内閣でしたね。

古賀　そうです。彼は秘書官だけではなく、後に総理補佐官も兼務した。だから正式に政策に関与してくる。

――学校一斉休校も、今井とアベで決めた。

古賀　あれも突然でした。あの萩生田文科大臣でさえ反対したけど、今井くんが大臣を一喝して、強行したとか。それくらい強力なパワーを持っていました。あと、彼の先輩で私の先輩にもなる長谷川栄一氏は内閣広報官になって、これも途中から総理補佐官として、彼も非常に重要な役割を果たしていく。この他にも経産官僚がスピーチを書いたり、アベノマスクの立案をしたり、みんな経産省ですよ。

――アベが星野源の音楽に合わせて犬を抱いたりしたのも（笑）、経産省の発案でしたね。

古賀　なんでそうなるのか？　経産省に実力があるからではなく、逆にほとんど仕事がなくなっちゃったからです。トヨタでもなんでも、経産省に頼らずとも自分でやっていけるようになった。企業が強くなったから、経産省がでしゃばらなくてもいい。それで、「仕事がなくても、すごく仕事をしているように見せかける」（笑）役所になった。

――古賀さんは「チャラい省庁」って言ってましたね。チャラ男がいっぱいいる、と。

古賀　そう、これがアベ政権から見れば最高なんです。

――アベもチャラいから（笑）

古賀　アベのやりたいことは憲法改正とか靖国参拝とか、アメリカと一緒に戦争するとかです。それ以外はある意味どうでもいい。どうでもいいけど、あんまりいい加減にやってると国民からしっぺ返しを食う。政権を運営し続けるためには、ある程度内閣支持率を上げなくちゃいけない。しかしそんなに立派なことはできない。国民ってバカだから、ダマせばいいやと。だから「何か面白いことを考えろ」。

――それでマスク2枚（笑）

古賀　財務省や厚労省に頼んでも出てこないんですよ、彼らは真面目だから。自分たちの仕事はちゃんとあるので。経産省は普段の仕事がないので、どうやって仕事をしているように見せられるかな、どうやったらいい加減なプロジェクトで財務省からお金もらえるかな、と普段からそればっかり考えている。そんな訓練を受けてるんです。だから「何かない？」と聞かれたらいろんなものが出てくるんです。例えば「お、も、て、な、し」。あれは単に「おもてなし」と言っただけじゃなくて、規格を作りますとか言ってね、予算を取ってきたり。それから「プレミアム・フライデー」ってあったでしょ、覚えてます？

――ありました。すぐに立ち消えになった（笑）

古賀　大臣も総理もテレビに出たりしてね。これね、テレビに5分、10分出ることで何億円もの効果があるんですよ。権力側から見ればね。そういう気の利いたことをやるのが経産省で、だからピッタリですね、アベ政権との相性が。そんな感じで暴走してきたということです。

――でもマスクでも星野源の動画でも、結果として「アベはチャラい」と不人気になって支持率を下げてきた。そしてお腹が痛くなって辞めたのではなかったですか？

古賀　そうです、特にコロナ対策がうまくいかなかった。コロナは「やってる感」だけで逃げられるようなものではなかった。人の命に関わる、自分の生活に関わるものですから。それをそんなチャラいことで誤魔化そうとしても、無理だった。そこは失敗。経産官僚って結局は実力がなかったんだなーと、そこはよく分かったのではないでしょうか。

自民党政治、5つの大罪

――古賀さんは自民党の政治を総括して五つの大罪とおっしゃっています。この五つの大罪というのは？

古賀　民主党政権から第二次アベ政権になる直前、2012年の夏頃だったと思うのですが、河野太郎さん主催の勉強会がありまして、そこに呼ばれましてね、いわゆる自民党改革派の議員が集まっていました。そのとき小泉進次郎も参加していて、私が「自民党の何が悪かったのか」という講演をしたんです。その議論の中で進次郎が「大罪」という言葉を使った。

――そうなんですか、進次郎にもまともなところがあるんやな。

古賀　私の話を聞いて、彼は「自民党って、ものすごい大罪を犯したんですね」と言ってきました。この時の話の一つ目が「日本を借金大国にした罪」。当時はまだ借金が900兆円くらい。もうすぐ1千兆円を超えますよ、と。二つ目が「少子高齢化を放置した罪」。社会保障の基盤を崩壊させちゃった。

――少子化で、年金が持たなくなりますよね。

古賀　これは1年、2年の話ではなく、自民党が30年くらいかけて、ずっと放置してきたことです。

――自民党は子育て世代に冷たかった。子どもを育てる環境整備をしてこなかった。

古賀　三つ目が「日本を成長できない国にした罪」。成長という言葉に関しては最近、枝野さんが「成長なんてできない」と言ってますが、あれは間違い。世界中を見てね、この20年、30年、日本ほど成長してない国はないですよ。日本が成長できる条件は整っているんです。人口が減っているというけど、人材の質は非常に高いんです。

――勤勉だし、教育水準も高い。

古賀　そう。その上に投資するお金も企業の中にジャブジャブと余っています。

――内部留保としてね。

古賀　技術も世界のトップレベルにある。他の国からみれば「日本が成長できていないのは不思議だよね。条件揃ってるじゃん」。しかも中国が隣にいて、「これからはアジアの時代だ」と言われている。アメリカやヨーロッパは中国からは遠い。「日本ってすごく有利な位置にいるのになぜ成長できないの？」。この状態にしたのが自民党。

――例えば基礎研究の予算を削ってきたので、大学や企業に開発する余裕がなかったのでは？

古賀　それもあるでしょう。しかし一番大きいのは、教育から始まって、がんじがらめなんですよ、子どもの時から。

――自由な発想で、変革していくことができない。いわゆるブレイクスルーがない。

古賀　ないんです。それで四つ目が「原発推進の罪」。安全神話を作って、無理やり新設してきた。そして福島の事故を起こしてしまった。しかも、事故の後も原発に頼っていたために、再生可能エネルギー分野で遅れをとった。昔は「太陽光パネル技術では世界一」とか言ってたんですが、原発優先で再エネ産業をつぶしちゃった。これが四つ目の大罪。アベ政権になる前までは、この辺でとどまっていたのですが、アベスガ政権で何が加わったかというと、「格差を拡大して貧困を蔓延させた罪」。

――これ、大きいですよ。特にコロナパンデミックで。

古賀　もちろん、格差は前からあるんですが、アベ政権になって株を上げて、土地をあげて、金持ちは儲かったんです、ものすごく。円安にして輸出産業、大企業はボロ儲けした。だけど非正規の人とか派遣労働者の貧困層は全然賃金が上がらなかった。いや、上がらなかったというより実質でマイナスなんです。

――日本だけでしょ、ドイツやアメリカはもちろん韓国なども賃上げをしてきている。

古賀　先進国で「そんなに高成長はできませんよ」と言われている国だって、賃金はちゃんと上げているんです。日本は逆に下げた。世界では類を見ない国ですよ。これをやったのがアベ政権で、自民党は五つの大罪を犯した。このことを野党はしっかりと訴えていくべき。野党の議員と話をしてると、みんな真面目なんです。真面目な人ほど「自分たちは反省しなくちゃいけない」と謝罪するんです。民主党政権の時の失敗をいまだに引きずっている。確かに民主党は失敗しました。しかしそれはわずか3年間のことで、政権を取るのは初めて、さらには途中で原発事故が起きた。でもあの事故だって自民党のせいですよ。

――そうです、全部自民党時代に原子力ムラが推進した結果があの事故。

古賀　自民党が民主党に比べて立派だったんですか？　全然そんなことないわけです。アベさんが「悪夢のような民主党政権」とよくいうじゃないですか。

――暗黒の時代とか言ってましたよ。

古賀　自民党が暗黒の世界を作ったんです。与党や御用コメンテーターが「悪夢のような民主党時代」と言うかもしれませんが、言い返せばいいんです。「俺たちはバカだったかもしれませんが、自民党の方がもっとバカでしょ」。野党にはもっと自信を持ってほしい。

――例えば再エネ産業をつぶしたのは、東電などの電力会社が送電線を持っていて「太陽光や風力で作った電力を通さなかった」のも原因の一つ。その電力会社に自民党がくっついている。

古賀　原発優先ですからね。野党が統一して政策合意するときに、原発でもめたりするじゃないですか。でもあまり細かいところまで考えないで、もし政権を取ったら国会に特別委員会を作ってね、ここで「原発って、本当に動かしていいんですか？」という議論をやったらいいんです。

――基本のき、から？

古賀　原発ゼロですか？　いつゼロにしますか？などの議論をやり始めると、国民はよく分からなくなる。なぜかと言うとこの議論をすると「原発なくなると電力不足に」「電気代が高くなるよ」などのフェイクニュースが流されて、みんな心配になるんです。証明できないから。

――福島事故直後は「計画停電」とかで脅かされて。

古賀　9月の総裁選挙でもフェイクニュースがバンバン流れていました。それで、野党は電力会社の社長さんを呼んで、「すぐ止めろ」とは言いません。国民の前で、分かりやすく説明してください」と要望するんです。

――電力会社は説明会に来ざるを得なくなりますね。

古賀　まず最初に「原発って安全なんですよね？」と聞くんです。「安全です」と言いますよ。

古賀　でもね、日本は地震国でしょ。他国の原発と同じでは困りますよね、やはり耐震性、相当頑丈にしてもらわないと困ります、と。

――その通りです、そうしています、と言いますね。

古賀　民間の耐震住宅がありますが、「あれの10倍くらいの耐震性を持たせてほしいですね」って言うんです。そうすると社長は黙ってしまうんです。

――もしかして原発の耐震性は民間の建売住宅よりも？

古賀　例えば三井ホームの耐震住宅は4000、5000ガルなんです。ガルは地震の強さですが、今動いている伊方や高浜などほとんどの原発は700か800なんです。

――原発の耐震性は、建売住宅の5分の1、6分の1しかない！

古賀　ものすごく弱いんです。それで社長は「いやいや、そんな地震はめったに来ないんです」と弁解するでしょう。だけど700ガル以上の地震って、2000年から今までに31回起きているんです。

――えっ、31回も！

古賀　1年に1回、いや、それ以上の頻度ですね。その上で「どこで起きるんですか？」と聞いても予見できない。

――日本列島どこでも可能性があるわけですよね。

古賀　そう。でも電力会社は何と言うか。「いろいろ計算しました。最先端の理論を使って、いろいろ検討して、ここ伊方ではそんな地震は起きないということが分かりました」

――えっ、四国の伊方原発は中央構造線の上に、つまり断層の上に建っているのですが。

古賀　そう、断層のすぐ近くに。それで「地震って予知できないんでしょ？　ここで起きないと、なぜ分かるんですか？」って聞くと、絶句するんです。これを国民の前でやる（笑）。そうすれば国民は驚くと思いますよ、「えっ、三井ホームよりも弱いの？」

――原子炉建屋が一般の住宅より弱いってウソでしょ、となりますね。

古賀　「原発が地震に弱いことが分かりました。せめて三井ホーム並みに強化してください」と要望するでしょ、そうすればこれだけで止まっちゃうんです。

――工事予算をケチってますからね。もう原発では割りが合わなくなる。

古賀　例えば避難計画もそうです。「原子力規制委員会の審査を受けてください」。そうすると社長は答えられない。なぜかと言うと、受けていないからです。

――えっ、受けてない？　なんのための規制委員会？

古賀　避難計画って、実際には避難できない計画なんです。でも規制委員会の審査対象になっていない。誰が審査しているかと言うと、政府の原子力防災会議というのがあって、そこで「まぁいいんじゃないですか」（笑）と。でもそれだと不安だから、県知事は県民を説得するために、経産大臣のところに行って「これで絶対大丈夫ですよね」と尋ねる。すると経産大臣は「絶対大丈夫です」（笑）。その後県知事は「大臣が『絶対大丈夫』と言ってます」。その上に原子力防災会議はアベさんが議長なので「アベさんも絶対大丈夫と言ってます」（笑）。ということで動かしているんです。これを「規制委員会の審査を受けることにしてください」と要望すれば、反対できないでしょう？

――電力会社は、建前上は反対できなくなりますね。

古賀　まともに審査したら、絶対通りませんから。例えば高浜原発。場所によっては、避難ルートは原発の前を通って行くんです。

――近づいて行くんですか？（笑）

古賀　一度テレビ朝日で放送してね、その後放送しなくなったんです。記者がね「これから避難ルートを車で急いで走ってみます。あー、高浜原発が見えてきました」（笑）。「この前を通らないといけません。今、高浜原発の目の前を通過しています。これが避難計画です」

――その時は原発が爆発しているかもしれない（苦笑）

古賀　国民の前で、いかにインチキがまかり通っているのか、を見せるんです。みなさん、よく分かっていないので。「動かすな」とは言わないから、全部審査してください、と。こういうふうに、誰が考えてもおかしなことが四つくらいある。これを言えばいい。

――野党が政権を取れば、国会の中にそんな具体的な委員会ができる。これは分かりやすくなりますね。

古賀　そうです。止めろと言う必要はありません。こういう条件を満たしてください、と言えばいい。

――絶対に満たせませんからね。

古賀　ぜひ動かしてほしい（笑）と言えばいい。残念だなー（笑）と。

――原発もそうですが、野党が政権を取れば、国会の中に「森友問題・真相究明委員会」みたいなものを作れますね。

古賀　そうです。これはぜひやってほしい。とにかく検察が捕まえなきゃ、何やってもいいんだ、となってますから。

――新たに「赤木ファイル」が出てきましたからね。

古賀　赤木雅子さんにも国会に来てもらって、想いを伝えてもらいたい。岸田首相は最初、少し偉そうなことを言ったんですよ。

――そう、森友を再調査する、と。

古賀　調査するとまで明言していないけど、いかにもしそうなニュアンスで。説明が足りなければ、納得いくまで、とかね。国民に寄り添う、とか。聞く力がある、とも言ってるでしょ？

——聞くだけ、ですが。

古賀　私は総理に選ばれたら、すぐに赤木雅子さんに会ってほしい、と思ってるんです。だって「聞く力」でしょ。一番ひどい目にあったのは自殺した赤木俊夫さんで、それと同じか、いやそれ以上に苦しんできたのが雅子さんですよね。この方の声を聞かないんですか、と。私はこれを最優先でお願いしたいな、と思っています。赤木雅子さんには、「一度、岸田さんに会いに、官邸に行ってみましょうよ」と言おうかな、と思っているんです。

——それ、いいですね。しかし伊藤詩織さんが中村格にインタビューしようとしたら、逃げられましたよ。

古賀　そう、彼女は警察官を追いかけた（笑）

30年間のツケを短期間で返していかなきゃ

——赤木雅子さんも岸田文雄を追いかけるかも（笑）。最後にお聞きしたいのですが、アベスガ政治になって格差が拡大しました。東京オリンピックで、結局儲かったのは電通とパソナ。つまり竹中平蔵が儲かった。野党が政権を取ったら、大企業の内部留保に切り込んで、もっと賃上げに回させないと、格差は解消しないのでは？

古賀　ものすごく大変なんですよ、賃金を上げるのは。なぜかと言えば、日本は80年代頃から「ジャパン・アズナンバー1」と呼ばれてたでしょう。あの頃から「先進国並みの賃金・労働条件に」と、仕組みを変えていかなければならなかったんです。「サービス残業なんてやめましょう。労働時間を短くしましょう」と。

――収穫を労働者にもシェアして、全体の底上げを。

古賀　これをずっと言い続けて追求していればね、結構いい国になってたと思います。ところがこの30年くらいの間に全く逆のことをやった。企業がそれだけ強くなったんだから、労働者に分配しなくちゃいけなかった。でも財界が「競争が大変なので、労働コストを上げたくないんですよね」と言えば、自民党が「はい、わかりました。賃金を安く抑えるためには、派遣労働をもう少し拡大しましょう」。あるいは「請負でやったらどうでしょう」。どんどん賃金を安くする方へ導いていきました。次にまた財界から「人口が減ってきて、安価な労働力が足りなくなってきました」と言われて「わかりました。中国からいっぱい留学生を入れちゃいましょう」。留学生30万人計画と銘打って、教育の国際化をしましょう。海外からきた人に活躍してもらいましょう。そしたら本当にやって来たんです。語学学校にたくさん呼んできて、学生はみんなバイトしてもらう、と。

――技能実習制度もありますよね。

古賀　それも同じこと。要するに賃金を上げなくてすむように、制度をいじくってきたんです。それでも経団連は「まだもうちょっと安くしてほしい」(苦笑)と言って、やったのが円安なんです。

――円安も賃下げのツール？

古賀　全部が安くなるでしょ。例えば民主党政権の時は1ドル80円だった。

――そうでした。海外旅行にはメリットだった。

古賀　1ドル80円ということは、時給800円の人は10ドル。ところがアベ政権になって1ドル120円。そうなると時給800円の人は6～7ドル。つまり国際競争力が付く。10ドル↓6～7ドルで、つまり安い賃金で生産していることになります。これをアメリカから見れば、日本の労働者って、かつて10ドルで働いてたのに、今は7ドル弱だって。かわいそうだね、となるわけです。貧しくなって当たり前。円安になれば、給料は国際的に見れば安くなる。逆に入ってくるもの、輸入品は全部高くなる。

――そうなりますね。

古賀　小麦や乳製品など食料品が上がるんです。給料は安くなっているのに、買うものは上がる。景気がいいって言ってるけど、なんかそんな風に感じないな。むしろ貧しくなっている気がするな、っていう人が多かった。それは「気がする」のではなく、本当に「貧しくなって」いたのです。それがコロナになって勢いが加速した。実はコロナの前から貧しくなっていて、アベ政権で実質賃金が4％くらい下がっているんです。あり得ないことです。

――97年の平均年収460万円から、昨年は年収433万円。30万円くらい手取りが減っているらしいです。

古賀　それは、賃金が上がらなかったことに加えて、年金や健康保険の保険料も上がったからなんですよ。日本では保険料は税金とは呼ばないのですが、海外では介護保険料は介護タックス、つまり税金と呼ぶ国も結構あるんです。だから増税しません、と言いながら、実際には給与天引きなどで、税金と同じでしょ、無理やり取られるんだから。この保険料値上げが手取りの減額につながっています。

——さっきの2番目の大罪に関連しますが、だから結婚できなくなり、少子化が進む。縮小の悪循環ですね。

古賀　そうなんです。これを30年続けたんです。だから「今後は賃金を上げていきましょう」と言うでしょ。でも30年、日本は上げないどころか下げ続けてきた。他国は上げ続けてきた。この格差を1年で取り戻せ、というのは無理で、これは大変なことなんです。いま、普通の国の最低賃金は時給1500円なんです。まだそこまで行ってない国でもあと1〜2年で1500円に到達する。

——バイデン大統領の公約も1500円にする、でした。

古賀　日本は「1000円を目指す」と言っている。いきなり1500円にします、と言うと中小企業はどうなります？

——多くが倒産しますね、おそらく。

古賀　だから30年のツケを短期間で返していかなきゃいけない。難しいけれど、これはうまくやるしかない。とにかく賃金を上げる。上げて苦しくなる企業への支援をどれだけ手厚くやるか。これをセットでやらなきゃいけない。

——消費税率だけ引き上げられて、高額所得者の累進課税を緩めた。金融取引の所得も日本は一律20%で低いので、富裕層に課税していけばいいのでは？

古賀　不公平税制を正していく、というのはすごく大事で、野党の政策、「金融所得課税を強化します」は、進めていくべきです。勘違いしてる人が多いんです。アメリカは株式の売買で大儲けしている人が多いから、日本よりも課税されていないんだろうな、と思っている人が多い。実はアメリカの富裕層は日本よりも課税されているんです。日本みたいに甘い国はちょっと珍しい。年収でいうと1億円を超えるあたりから、金融所得の割合が大きくなるので、どんどん税率が下がっていく。

――1億円の壁、ですね。

古賀　これを全部正します、と。加えて今回は「消費税を5％に下げます」と言ってるんだけど、私は5％に下げるよりも使い道を変えた方がいいんじゃないかな、と思っているのですが、財源の話になるじゃないですか。この財源の議論では、所得税の最高税率を以前のレベルに引き上げる、相続税を引き上げる、不動産への課税を2軒目からは何倍かにするとか、いろいろ考えたらいいと思います。それと今後は炭素税を導入すべきです。

――気候変動対策は待ったなしですから。

古賀　炭素税というと、温暖化対策に使うんだな、と考えがちですが、私は炭素税を思いっきり取って、それを全部社会保障に充てたらいいと思います。これは国民の多くが納得する政策になります。貧困対策としての炭素税。あとは、デジタル化とも絡むのですが、マイナンバーは使わないとダメですね。

――そうですか？

古賀　反対する人が多いのですが、とにかく不公平を是正するためには必要になります。ただ、政府が言うと「何か信用できねぇな」となります。それはそうです、今まで悪いことばっかりやってきたから(笑)。信用してもらう方法があって、まずは政治家。政治家全員が全ての資産、銀行口座だけではなく、株式、ゴルフ会員権、不動産も全部マイナンバーとリンクします。その上で政治資金は全てキャッシュレスにします。クレジットカードでもPayPayでもなんでもいいので。

――金の流れにアシがつきますね、現金じゃないから。

古賀　全部履歴が残る。この履歴を3カ月ごとに、生でネットに公開する。これをやると、悪いことはできなくなる。

――広島の河井克行事件なんか、すぐにばれちゃう。

古賀　そう。もし現金でやり取りしたら、「やり取りしたこと自体」が違反。

――なるほど。

古賀　今は、それがワイロだったかどうか、これを証明しないとダメ、とか言ってるでしょ。

――変な理屈が通っています。「選挙の地盤を作るための金」とか。それワイロやろ！

古賀　だから現金を受け渡しした時点でアウト。こういう法律にして、なおかつ「最初の1年間は、どうぞハッキングしてください」とする。

――覗いてください、と。

古賀　ハッキングして「こんな情報を取りましたよ」と当局に教えてください。その情報にお金を出します。そうすれば穴があればバレるじゃないですか。この穴を全部埋めて、例えば1年間、ハッキングが起きなくなったとしましょう、この時点で「国民のみなさん、マイナンバーに協力してください」と制度化するんです。そうなれば貧困化した人たちに「あなたは条件に該当しますから、銀行に行けば、いくらいくらもらえますよ」。銀行口座を持っていない人にも「コンビニに行けば、これだけもらえますよ」などが可能になります。つまり何の手続きも必要なく、資格のある人に生活資金が行き渡るようになります。

野党政権ができたら正しい政治主導を

――最後に今回の総選挙、何が争点なのでしょう。政権交代も含めて。

古賀　野党はとにかく自信を持ってほしい。自分たちの考えや主張について。自民党の重鎮、つまり岸田首相や諸大臣も含めて、野党に比べて大したことないんですから。そこを勘違いしないでほしい。「俺たちは素人だから」とか、負い目を感じた発言がすぐに出てくる。民主党政権時代の失敗を引きずっているのですが、自民党のこの30年の失敗に比べたら大したことないんです。

――スガは書いたものを読んでるだけでしたし、その書いたものさえ誤読してました（笑）

古賀　そう。「あなたたちスガさんより、でき悪いの？」。与党から何か言われたら、「俺、スガ総理よりははるかにマシでしょ」（笑）と言い返せ。要するに今までは官僚がうまく糊塗してくれたから、ボロが見えにくかっただけ。今度は「官僚をちゃんと使います」と。前回は官僚を排除しようとしたんです。

――確か「政治主導」と言って官僚を遠ざけた。

古賀　それが失敗の本質。だから次は官僚をちゃんと使います、使いこなしますと。本当の意味での政治主導。だって政治主導自体は間違いじゃない。いまの最大の問題は政治が国民のために働くのではなく、お友達、お仲間のためだけに働いている。野党が政権をとったら、「正しい政治主導をやります」。政治家はもちろん、官僚＝公務員も一緒になって、「国民のための政治を作ります」と。これを強力に訴え続けてほしいですね。

――はい、よくわかりました。どうもありがとうございました。

古賀　ありがとうございました。

この対談は　２０２１年10月２日に行われました。

アベスガ政治9年の大罪。総選挙で逆転を！

佐高　信（評論家・ノンフィクション作家）

アベスガ政治の共犯者たち

——今回のテーマは「アベスガ政治9年の大罪」です。スガが自滅しました。悪夢のような9年間を振り返ってみて、何を感じられていますか？

佐高信　私は「共犯者」の存在を強調したい。

——「共犯者」？　アベスガが主犯ですよね？

佐高　そう。そこに公明党創価学会という共犯者の存在を忘れてはならない。

——公明党の票が加算されるから小選挙区で勝ち上がれたわけですからね。

佐高　自民党にはもう一つ「公明派」（笑）があるわけだ。

——山口なっちゃん派（笑）ですね。

佐高　山口派とも学会派とも言えるね。総裁選挙では「公明派」にも（笑）選挙権を与えてほしかったね。

——全国の学会員が、河野がいいとか、やっぱり岸田や、とか。

佐高　共犯者は、それくらいのことしなきゃ。

——消費税を上げたり、安保法制の強行採決を助けたり、「その資格」はありますね。

佐高　共犯者と言ったけど、主犯と言っていいくらいだ。アベスガは退場するけど無傷で残ってるわけだ、公明党は。これが最大の問題だと思う。

――創価学会の婦人部あたりはもっと怒っていいと思いますよ。「平和の党」でしょう？

佐高　へっ？（笑）。今、聞こえなくなった。76歳にもなると。

――「福祉の党」でしょう？

佐高　難聴の佐高（笑）。それでスガなんてのは、96年の最初の選挙は相手が創価学会だったんだ。

――そう聞いてます。ギリギリ当選したんですよね。

佐高　そう。「池田大作は人間の仮面をかぶった狼だ」と言ったの、スガが。

――今は「大作さまさま」やのに。

佐高信・古賀茂明『官僚と国家』（2021年、平凡社新書）

佐高　次の選挙で野合が成立した。神奈川県の創価学会のトップは、さすがに一言言わなきゃ、と思ったんだね、スガを呼び出したわけだ。「あんた、前回の選挙で池田先生のことを何ていったんだ」。さすがに「人間の仮面をかぶった狼と言いました」とは言えないよね（笑）。それで1時間ほど絞られたらしいよ。

――今のスガとえらい違い。創価学会の

佐藤浩副会長（当時）とは「盟友」と言われるほど野合している。

佐高　だらしないなと思うのは、「人間の仮面をかぶった狼」とまで言われておきながら、スガを応援する学会と公明党だよ。

――与党でいることの旨味、国土交通大臣のポストを取れて……。

佐高　その上に銀座のクラブに出入りしてた遠山清彦。

――公明党のホープと呼ばれていましたが議員を辞職。ワイロをもらっていたという疑惑も。

佐高　佐藤の名前が出たので、佐藤優という『池田大作研究』（朝日新聞出版）を書いた人物について。

――公明党御用達の「言論人」になっていますね。佐高さんはこの人から訴えられています。

佐高　昔、小林よしのりなんかとパチパチやってた時に、小林から「言論封殺魔」と書かれたヤツだ。佐藤がSAPIOという雑誌に、「小林に書かせるな」と言ったらしい。だから「言論封殺魔」。

――小林よしのりはいろいろ評価が分かれるところがあるけれど、佐藤優の評価に関しては正解でしょう。佐高さんの書いたものが気に入らないから、と裁判するんですからね。言論には言論で対抗したらいいのに。

佐高　でも佐藤は、その時は小林を訴えなかった。

――佐高さんは訴えるのに。

佐高　そう。俺の批判が痛かったのか、あるいは切羽詰まってるのか、どちらか。

――いずれにしても公明党、創価学会の資金力ってすごいですよね。私もラジオをやってますが、ひんぱんに創価学会のＣＭが。

佐高　聖教新聞〜、とかね。

——新聞の印刷をあえて大手新聞社の輪転機にやらせて、経営が悪化している新聞社は創価学会に依存せざるを得ない。こうして学会タブーが生まれてしまう。

佐高　昔はね、創価学会のＣＭはさすがに「一党一派」、いや「一宗一派」に偏する、と止めてたんだ。

——メディアは中立だ、と

佐高　そう。それが、土手が決壊した。

——今、メディア界は不況とネットの普及で広告収入が激減。ＣＭは喉から手が出るほど欲しい。

佐高　そう。それで結構うまいＣＭを流すんだ。「♪創価、学会〜♪」（笑）

——ＳＤＧｓを進めましょう、創価学会です。なんてね。

佐高　婦人部の女性たちに言いたい。池田大作を「人間の仮面をかぶった狼」と言ったスガに、なんでくっついて行くの？　それで自民党総裁選に話を移すとね、河野太郎の後ろに、スガと竹中平蔵がくっついているわけだ。

——河野は世論調査ではトップを走っていた。スガと竹中といえば、ゴリゴリの新自由主義、つまり弱肉強食。

佐高　河野もそうなんだ。

——河野は威勢のいいことを言ってるかと思えば、すぐに手のひらを返すイメージ。

佐高　橋下徹をボンボンにした感じだな。

――河野太郎は由緒ある河野家の3代目。

佐高　由緒なんてないよ（笑）

――そりゃ、そうですね（笑）。アベ、麻生と同じ3代目であるのは確か。

佐高　例えばSBI証券の北尾吉孝が、竹中・スガ組なんだ。ここが新生銀行の株を公開買い付け（TOB）しただろ？

――SBI（ソフトバンクインベストメント）の北尾は、全国の地方銀行をつぶそうとしている人物ですね。

佐高　そう、TOBを仕掛けられた新生銀行というのは、前身が日本長期信用銀行でね。

――確か、竹中平蔵がつぶそうとした銀行ですよね。

佐高　そう。それでね、日本長期信用銀行というのは、簡単に言うと「自民党・宏池会のサイフ」なんだ。

――そうだったんですか？

佐高　（宏池会を結成した）池田勇人が作った銀行。その後、池田から大平正芳、宮澤喜一とつながってきたんだ。

――いわゆるハト派。

佐高　岸田文雄は最初、長銀に勤めてたんだ。宏池会のサイフ銀行に、多分コネで入ったんだろう。

――岸田はかつて銀行マンだった。

佐高　その長銀を小泉・竹中がつぶすわけ。もちろん放漫経営もあったけど。ところが、もう一つ似た銀行に、日本不動産銀行というのがあった。

――へぇ、そんなのがあった？

佐高　不動産銀行から、日本債券信用銀行（日債銀）に行名を変更してね。金丸信が金塊や債権を持ってて。

――そうそう、金の延べ棒とワリシン。

佐高　これは金丸より安倍晋太郎が一番近い。つまり長銀が宏池会のサイフで、不動産銀行は清和会のサイフだった。岸信介からの流れだね。

――父親の晋太郎から、今のシンゾーに続く。

佐高　だから小泉・竹中は、長銀を荒っぽい方法でつぶしたけれど、不動産銀行はつぶさなかった。

――小泉は清和会だから。

佐高　長銀には約8兆円もの税金を投入して国有化し、わずか1200億円でリップルウッドに売っちゃったんだ。

――そうでした、外資に売ったんや。

佐高　その時の金融担当大臣が竹中で、金融庁長官が五味廣文。

――はぁ。

佐高　ゴミみたいな男だよ（笑）。それで北尾が新生銀行にTOBかけただろ？　これが成功したら「五味を会長に据える」って言っている。

――あっ、思い出しました。その話、新聞記事になってました。五味の名前が出てました。

佐高　だろ？　五味は、「小泉・竹中・ゴミ」なんだ（笑）。スガ・ゴミでもある。これが河野太郎の後ろにくっついてる。

――じゃぁ、河野太郎はゴリゴリの新自由主義者じゃないですか。

佐高　そう。だから河野はスガ・竹中にＴＯＢを仕掛けられてるわけだ。そして岸田はアベと麻生にＴＯＢかけられてるんだ。

総裁選挙ばかり報道するテレビはおかしい

――巷間言われているのは、河野の後ろにスガ・二階。岸田の後ろに2A、アベ・アソーがいる、と。

佐高　岸田には、どうしようもない甘利もいるんだ。同じ麻生派だけれど、甘利と河野は良くないわけだ。

――仲が悪いんですよね。

佐高　甘利って、大臣室でカネを受け取ったんだよ。

――ＵＲ都市機構の関係で千葉県の建設会社から。

佐高　自民党の総裁選挙って、簡単に言えばボンボン、つまり河野、岸田、野田聖子はみんな世襲だよな。それと高市早苗という超タカ派の戦いなんだ。点数をつければ、マイナス30とマイナス50の争いなんだよ。

――4人とも、ゼロにも達していない？

佐高　達してない。もう一つ総裁選がらみで言うと、総裁選で、少なくとも「憲法を守ります」と言ったのは、加藤紘一が最後じゃないかな。

――「加藤の乱」で散ってしまったけど、加藤紘一さんくらいですか？

佐高　それ以後は、全部が改憲派になっちゃった。

――当時は読売新聞のナベツネ（渡辺恒雄）が憲法改悪草案を出して、全部そちらへ引っ張られて。

佐高　高市で思い出すのはね。

――松下政経塾でしょ、この人。

佐高　俺は「松下未熟塾」（笑）と呼んでいるけど、彼女が総務大臣の16年に「政府に批判的な放送局は電波を止める」と言ったんだよ。

――そうでした。マスコミが萎縮するキッカケを作った人。

佐高　河野太郎を「ブロック太郎」と呼ぶよね？

――気に入らないツイートをした人を、すぐにブロックするんです。

佐高　河野が「ブロック太郎」なら、高市は「ストップ早苗」（笑）

――さっきの「言論封殺魔」いや、「言論封殺魔女」じゃないですか。

佐高　そう。あの発言を受けて、田原総一朗や筑紫哲也、岸井成格、鳥越俊太郎などが記者会見したんだ。

――当時のニュース番組でアンカーをしていた人たちですね。

佐高　その時にあの温厚な岸井がすごく怒ってた。「高市を辞職させる」と、俺との対談でしゃべっている。

――テレビ局からすれば、一番困る話ですからね。電波止められると、放送局でなくなっちゃう。そりゃ高市にひれ伏しますよ。

佐高　だからテレビが総裁選挙ばかり報道するのはおかしいんだけど、高市については、この発言について突っ込まなきゃ。テレビ局として舐められっぱなしだよ。

――テレビ局、新聞社の記者が、会見でもっと突っ込むべき。だって「お前たちの仕事をなくすわよ」と言った人物が総理になれば…。

佐高　停波発言なんてとんでもないよ。それを認めるのか、お前たち記者は。

――香港のリンゴ日報でしたか、中国がそれをつぶしたのと同じことを高市がやったわけでしょ？

佐高　俺なんか、すでにスガにつぶされちゃってるよ（苦笑）

――スガ政権になってから佐高さんはＴＢＳ「サンデーモーニング」に何回出演しました？

佐高　ゼロ。去年（20年）8月が最後だよ。

――アベの時はまだ、かすかに出てましたよね。

佐高　アベはまだ緩かった。

――年に2回ほど、盆と暮れに（笑）

佐高　ピタッと止まって。でも断りくらい入れろ、と思うよ。あの番組の草創期からの功労者だよ、俺は。

――最初の頃、もっと出てたでしょ？

佐高　岸井よりも古いんだから。

――岸井さんは、最後の、締めのコメンテーターを長くやってはりましたね。

佐高　岸井が出てない頃から、俺は出てたんだ。

――その頃、テレビ朝日の「ニュースステーション」では準レギュラーで、連日出てましたよね。

佐高　だからね、今のテレビ界への圧力はよくわかるけれども、関口宏さん、一言くらい俺に断ってもいいんじゃないか（笑）って思うんだよ。

――いつまでも声がかからないのは何でや、と。

佐高　いや、声がかかってても行かない。頭きたから（笑）。俺はもうユーチューブに生きる（笑）

「社富員貧」から「社富民貧」へ

――総裁選の話に戻ります。河野、岸田、高市、野田。４人とも消費税引き上げや安保法制の強行採決をやってきた人たち。これ、誰になってもダメじゃないですか。

佐高　あえて言えば、野田聖子だけだ。モリカケ桜を再調査するって言ったのは。それと「やはり自民党だな」と思うのはね、法人税を上げろ、とは誰も言わないね。

――そうですね。

佐高　財源をどうするんだ、と偉そうに言うヤツらがいるけど、ずっと法人税を下げてきたんだから、これを上げれば解決するんだよ、年金の財源とか。

――そうそう、消費税率を上げるたびに法人税を下げてきた。かつては45％の法人税が今や25％ですから。

佐高　それで内部留保が484兆円になったんだ。

――コロナが来てからも。

佐高　増えた。

――賃金は下がっている。非正規、派遣労働者はクビを切られている。

佐高　だから新自由主義ってのは、企業の行動は自由になるってこと。俺は昔、「社富員貧」（しゃふいんひん）と言う言葉を作ったんだ。

――会社は富むけれど、社員は貧しい。

佐高　今は非正規が増えたので、「社富民貧」（しゃふみんぴん）だな。法人税引き上げを誰も言わないってことは、4人とも新自由主義、会社の味方だということ。民の味方ではない。

――誰が総裁になっても、大企業のぼろ儲けは続く。そしてアベは逃げ切るってことですか。

佐高　もう一つ。21年8月22日に横浜市長選挙があったでしょ、あれ、スガがつまずく元だったよね。

――あの結果（スガが応援した小此木八郎候補が落選）でスガは大ピンチに。

佐高　あの時に横浜のドン、藤木幸夫さんが…。

――カジノに反対した人ですよね。

佐高　4、5回会ってるんだよ。面白いおじさん。

――もう90歳近い？

佐高　91歳。「横浜のドン」と言うと笑いながら怒るんだ。俺は天丼でもカツ丼でもない（笑）って。この人がね、横浜市長選挙の投開票の時に、いきなり野党候補に当確が出た。

――そう、いわゆるゼロ打ち。午後8時に出た。

佐高　その時に藤木さんがマイクを向けられて「スガは辞めるだろう」「辞めなきゃしょうがねぇだろう」と。

――スガは終わった、と言ったんですよね。

佐高　そう。あの人は小此木の親父、彦三郎を応援してきた人だからね、自民党内の動きをよく分かってたんだな。

――スガ自身も小此木彦三郎の秘書でしたからね。

佐高　そう。藤木さんから見れば、スガなんてその辺の使いっ走りだよ。それで、一番みっともなかったのは、産経から朝日までの新聞社。スガが「辞める」と言った日の新聞、開いてごらんなさいよ。

――確か9月3日やったかな？

佐高　「スガ再選を二階へ伝達」って書いてある。全紙大見出しで。

――スガが辞めるということをつかんでいない。あるいは辞任情報が間に合わなかった？

佐高　間に合うどころか、ツユほども疑っていない。要するにアベや二階などボスの取材ばっかりやってるから、自民党内部の声を拾っていない。俺は昼頃起きるから、新聞を開いた頃に速報で辞任。新聞代返せ、って思ったよ。

――9月3日の午前中に「総裁選に出ません」と言ったのでした。

佐高 そう、新聞記者が「中の動きを見ていない」ということ。胎動を見ていない。藤木さんがなぜ断言できたか？ それはもう自民党がグダグダだった。これを藤木さんは察知していたんだ。記者はボスばっかり追いかけてたから。胎動が見えてないんだよ。

――二階や麻生など派閥のボスばかりを取材していたわけですね。

佐高 そう、だからあなたの質問もそのきらいはあるわけだよ（笑）

――はい、すいません（笑）

佐高 「派閥が自主投票になった」っていうのはね、派閥が解体したってことだよ。

――そうか。そういうことになりますね。

佐高 だって麻生派は、河野と岸田で割れた。派閥の機能が失われている。これを藤木さんはちゃんと見てるわけだ。

――よく二階とスガが組んでいると言われてますが、二階とスガも仲が悪いでしょ？ スガは幹事長続投という二階のハシゴを外したんですから。

佐高 そうそう。

――だから二階は内心では「スガのクソったれ」と思っているでしょうね。

佐高 だから二階に反撃されて、スガは辞めざるをえなくなったわけだ。二階の反撃を支えたのは若手議員が「スガでは当選できない」と。

――「党風一新の会」を作りました。派閥を超えて。

佐高　若手の、そういう動きが大事なわけ。そこを取材しないといけないのに、産経から朝日まで変化に気付かない。政治部の、頭の固い記者たちは旧来の派閥のボスだけを取材していた。藤木さんに聞きに行け、っていうの。8月22日の段階で「スガはやめざるをえない」と断言したけど、「いや、そこまでは…」とみんな思ってたんだ。

――藤木さんは言い切ってましたからね。

佐高　言い切った。そしてその通りになった。

――横浜市長選挙の結果は、思った以上に大きかった。スガはかつて「影の横浜市長」と呼ばれていましたからね。

佐高　みんなスガ側にいたんだ。だから「誤報と言ってもいいくらい」の新聞になるんでしょ？　あの日の新聞を、各社、政治部の記者クラブの壁にでも張っておけ、と思うよ。恥辱だよ、俺は「あの日の新聞代だけでも返せ」と言いたいよ。

――なんかちょっとセコイですよ（笑）

佐藤優の「河井克行を応援した罪」は消えない

――スガの辞任を受けて、「電波ジャック」と言っていいほど総裁選挙の報道がタレ流されました。そんな中、ひっそりと「中村格警察庁次長が長官に栄転」というニュースが。

佐高　伊藤詩織さんの事件をもみ消したヤツだね。

――元TBS記者の山口敬之という「アベ友」が、伊藤さんを準レイプした。逮捕状が出て、警官が成田空港で帰国する山口を待機していたにも関わらず、その逮捕状を取り消して逃がした人物です。こんな人物が警察庁のトップに登りつめるというのは、アベスガ9年間の大罪を、今度はこの人に守ってもらおうということですか？

佐高　スパイ政治なんだよ。そんなスパイ政治を続けてきたアベスガには恐怖感があるんだろうな。

――ずっと悪いことしてきたから。桜を見る会でも広島の河井事件でも。

佐高　そうそう。

――「番犬をそばに置いとかなければ」と思ってるんでしょうね、アベスガ側は。

佐高　民の心をつかんでいないから、不安なんだ。だからかつての東條英機みたいに、「倹約しているか」とゴミ箱を開けて調べた、って話になっちゃうんだよ。

――疑心暗鬼になっている。

佐高　そう。

――この中村格は、古賀茂明さんが「I am not ABE」と書いた紙を報道ステーションで見せたときに、テレビ朝日に怒鳴り込んだ人でもありますね。完全なアベスガの子分。レイプという犯罪を揉み消した人が、犯罪を取り締まるトップにつくって、どういうこと？

佐高　でも、そういうのばっかりになってるじゃない。

――犯罪をもみ消せる人は、犯罪をでっち上げることもやりますよ。

佐高　そう。

――佐高さんとか、危ない（笑）

佐高　あなたもやられるよ（笑）

――共産党の山添拓さんが、鉄道の中にちょっと入っただけで書類送検されましたが、アベスガは捕まらない。

佐高　それと河井克行がいたでしょ、あれはアベの問題でもあるけど、スガ案件でもある。克行はスガの参謀。

――スガは何度も広島入りして案里を応援してました。

佐高　で、その選挙応援に佐藤優も行ったんだ。

――佐藤優が？　河井案里を？

佐高　案里じゃない。克行の方だ。

――えっ、そうなんですか。

佐高　俺、今訴えられてるから、しょうがないから弁護士と一緒に佐藤の本を読むわけ。芳永克彦弁護士は、破防法（破壊活動防止法）改悪の時に一緒に反対運動をした人。この人の論陣は丁寧で、いろんな佐藤の書いたものを読みたがるわけ。俺はクソったれと思うから、読みたくないんだけど（苦笑）、弁護士さんが読むから、読まざるを得ない。それで、佐藤が「潮」という雑誌の21年5月号で、「河井克行を応援してしまった」と自分で書いてるんだ。外務省の時代から知ってたんだって。

――そうだったんですか。

佐高　（克行が）権力の魔性に取り憑かれていると思わなかった、と。だから応援してしまった、と自分で認めてるんだ。

――茶封筒に30万円ずつ入れて、配って歩いた人を応援してしまった（笑）

佐高　その後、克行が立候補できなくなったから、創価学会・公明党の斉藤鉄夫が後継者として。

――そうそう、広島3区では河井克行に代わって公明党が出る。

佐高　それで佐藤優は公明党にゴマをすって「河井は権力に取り込まれたが、斉藤は全然違う。今度は斉藤を晴れて応援する」みたいなことを言ってるんだ。しかし、「河井克行を応援した罪」は消えないぞ。あなたも知らないんだな、俺いろんなところで書いてるけど。

――それ、初耳でした。

佐高　消息通、事情通の西谷文和をして（笑）

――ごめんなさい、勉強不足でした（笑）

佐高　それで佐藤優はね、鈴木宗男と。

――セットでしたよね、当初。

佐高　ご学友ではなく、「ご獄友」（笑）なんだ。

――2人とも逮捕されて。

佐高　これに「ご獄友」の河井克行が加わった（笑）

非正規問題に取り組む「共同テーブル」

――佐藤優はなんとなく「進歩的な知識人」「野党的な人」のイメージなのに、実際は与党の公明党にすり寄っている。いわば「野党分断に組している評論家」と言ってもいいのではと思いますが、ようやく総選挙を前にして野党4党がまとまりを見せてきました。「市民連合」が仲立ちをして、立憲民主、共産、社民、れいわが政策協定を結んだ。これはいいニュースですね。

佐高　そうです。

――格差・貧困の解消、原発ゼロ、平和憲法を守るなどのわかりやすい政策になっています。テレビはほとんど報道しませんが。これは期待してもいいのでは？

佐高　さっきの横浜市長選挙で言えば、あれ、投票率が上がったんだよ。ここに注目すべき。われわれが「共同テーブル」という組織を作ったんだ。

――「共同テーブル」はどんなことを目指しているのでしょう？

佐高　一言で言えば、野党に目鼻立ちをつけるため。きちんとした憲法理念の実現、脱原発とか。ここで私が一番強調したいのは、非正規労働の問題だ。

――このコロナで、失業と貧困化が進んでますからね。

佐高　特に若い人たちと女性。集中的に被害を被っている。

――女性の自殺も増えました。

佐高　このことに「連合」などは何も手を打たない。

――「連合」は労働組合として、期待を裏切り続けています。

佐高　大企業の内部留保が484兆円って、これ「連合」の責任だよ。

――賃上げ闘争をせず、非正規労働者を見殺しにしてきた責任ですね。

佐高　賃金が上がらないので、個人消費が増えないから経済が回らないんだ。だから「共同テーブル」で、野党にきちっとした背骨を通そうと思ったんだ。結成総会の冒頭で萩原慎一郎という32歳で自殺した歌人の「非正規という　受け入れ難き現状を　受け入れながら　生きているのだ」という悲鳴のような短歌を紹介した。つまりここ、非正規労働に焦点を当てれば、若い人たちや女性たちは、自分のこととして考えるのではないか。野党が着目すべきは、ここなんだ。私は理念の面から野党共闘を推進したいと思っている。

——同じ労働でも、正規と非正規では賃金も休暇も、全然違いますからね。

佐高　彼ら、生活設計なんか、できないよ。

——非正規労働者同士で結婚しても、子どもが産めない現状ですから。

佐高　「若い人が政治に関心がない」などと言ってはダメ。言う資格がわれわれにあるのか？　非正規労働を許しておきながら、「若い人は政治に関心がない」と嘆いてもそれは当たり前で、政治に失望して、あきらめているんだよ。

——それに長時間働かされているから、政治について考える余裕もない。

佐高　萩原慎一郎の歌集「滑走路」はベストセラーになり、映画にもなった。

——ごめんなさい。知りませんでした。

佐高　あなた、知らないこと多いね（笑）。この「滑走路」を読んで、衝撃を受けたんだ。「箱詰めの社会の底でつぶされた　蜜柑のごとき　若者がいる」。それで、「日刊ゲンダイ」の「おすすめ本」のコーナーで、この歌集を紹介した。「日刊ゲンダイ」の編集者もさすがでね、「連合会長よ、若者の悲鳴のような歌を聞け」と見出しをつけたよ。まさに野党がいま、この非正規問題を改善しようとすれば、自然と票が増えるよ。

――れいわの山本太郎が、19年参議院選挙の政見放送で「みなさん、生きづらくないですか?・」と語りかけましたね。あれで「山本太郎ブーム」が起きた。あの視点が必要だと。

佐高　例えば社民党は「弱音を吐ける社会」と言ってる。太郎ちゃんは、天皇にもそんなこと言っちゃったからな(笑)

――直訴事件ですね。今、非正規で思い出したんですが、大阪の橋下徹が「公務員はけしからん。リストラだ」と叫んで定数を減らしました。それで窓口職員が減って、区役所職員はパソナになっています。

佐高　そうそう。

――つまり現場では同じ労働をしている。公務員はそれでもまだ条件が良くて、パソナの派遣は低賃金。これだと労働者が、つまり弱いもの同士が、いがみ合って分断されてしまいます。

佐高　パソナの利益、すごいだろ。純利益が前年の10倍以上!

――東京オリンピックでも人材派遣で大儲けしてました。

公＝おおやけを壊すものと最後まで闘った

佐高　そう。先日、ジャーナリストで経済評論家の内橋克人さんが亡くなったけど、もう一人、奥村宏さんという経済学者が、パソナに代表される今の弱肉強食社会を「法人資本主義」と喝破している。奥村さんが昭和5年（1930）、内橋さんが昭和7年（1932）、私が昭和20年（1945）生まれなんだけど、この3人で岩波書店から『日本会社原論』を出したんだ。その後同じ3人で東洋経済から『「会社本位主義」をどう超える』を出した。つまり当時から新自由主義と戦ってきたのが、奥村、内橋、私だった。ところが会社側の御用評論家も適当なことを考えるんだ。「あいつら3人はUSO放送」なんて言いやがった。

――ウソ放送？

佐高　内橋（U）佐高（S）奥村（O）（笑）

――子どものケンカみたいやな（笑）

佐高　ヤツらもいろいろ考えるんだ。例えば長谷川慶太郎、かつてはこの人も共産党員だよ。1952年の吹田事件に加わっていて、被告になっている。

――吹田事件というのは、当時の朝鮮戦争に反対する大阪大学の学生さんや在日の方々が、やむにやまれず起こした反戦・抗議デモ。長谷川慶太郎がこのデモに参加していたとは。

佐高　学生時代は共産党員だった。その後、見事に転向するわけだ。

――そういえばナベツネ（渡辺恒雄）も共産党員でしたからね。

佐高　そう。この長谷川慶太郎が昭和2年（1927）生まれなんだ。城山三郎さんも昭和2年。生意気に、長谷川は城山さんを批判してるんだ。城山さんは相手にしなかったけど。それで長谷川慶太郎、堺屋太一、竹中平蔵という流れができる。

――万博やオリンピックで大儲けしようという「お祭り資本主義」ですね。

佐高　会社を富ませればいい、という考え。バカみたいな「トリクルダウン」なんて、下には落ちてこないの。

――富裕層が儲かれば、下々の者にその金が落ちてくる、というウソ理論。

佐高　これに対抗していたのが、城山、内橋、佐高だった。少数派だけど、本流だよ。

――みんなの賃金が上がらなければ、物を買わなくなるので、不況になります。

佐高　内橋さんの追悼文では「公共の重要性。公＝おおやけを壊すものと最後まで闘ったジャーナリスト」と書いた。内橋さんと私は国鉄の分割民営化にずっと反対していた。郵政民営化も、あれは会社化じゃないか、と。これらを推進してきたのが堺屋、小泉、竹中だった。おおやけ、つまり公共の概念は、今はコモンズとよく言われるけど。

――パリは水道を民営化して料金が急騰し、ワインより水が高くなってしまいました。これに怒った市民が立ち上がって再公営化に成功。それで、ようやく料金の値下げが実現。先ほどの国鉄民営化では、「儲からないから」とローカル線がはがされてしまいましたね。

佐高　過疎を進めた。今もあれと同じことをやろうとしている。先ほどのＳＢＩ証券、北尾は「地方銀行の再編」と言いながらつぶそうとしている。地方銀行が日本経済をやっとの思いで支えているんだ。それを儲け第一、新自由主義で切り捨てようとしている。

――よく似ているのがデービッド・アトキンソン。スガのブレーンの一人で「中小企業はいらない」と。

佐高　スガは分からないんだよ、難しいことが。

――スガの頭は竹中平蔵でしょう？

佐高　アトキンソンと北尾も入ってる。河野だって似たようなものだよ。

――河野になったら、スガの継承になりますね。

佐高　そういうこと。

――岸田でも同じでしょう？

佐高　そう。だから野党がひっくり返さないといけない。その時に必要なのは「創価学会、公明党を揺さぶる」ということ。

――各小選挙区に、約2～3万の組織票がありますからね。

佐高　公明党を野党化させることが大事。

――でも、どこまでも自民党について行きますよ。「下駄の雪」ですから。

佐高　さすがに、このあいだの遠山問題とか、かなりガタがきてるんだ。

――スキャンダルと学会員の高齢化で、公明票はかなり減ってきてますね。

佐高　それもあるし、安保法制、つまり戦争法案にずっと賛成してきたツケが出てきてる。

――原発再稼働も消費税も賛成だった。

佐高　あなたが言うように「平和の党」だと信じ込んでいる人もいるわけだから。

――「福祉の党」もね。

佐高　それを全部裏切ってきた。学会と公明党の間の亀裂。

――特に大阪はね、都構想で公明党が維新に日和って、学会員を裏切ってきたんですよ。

佐高　そうそう。そこが狙い目。公明党を与党から、せめて「ゆ党」へ。

──や・ゆ・よの真ん中に（笑）。そういえば安保法制反対の集会に創価学会の旗を持って参加した人がたくさんいましたよ。

佐高　あれね、東京ではクビにしたんだけど、沖縄ではできなかったんだって。だから非正規の問題で若者と女性の票を増やすことと学会を揺さぶること。ここに戦略をおくべき。単に野党の数合わせだとね、前途が暗くなる。

5対3対2の法則

──投票率が上がらないと、野党は勝てません。5対3対2の法則というのがあって、この十数年間、どんな選挙をしても5割が棄権、3割は自民、公明、維新などの保守、残った2割が立憲、共産、社民などのリベラルへ入れている。5割の棄権層が1割でも投票に行けば変わる。棄権層は自公政治に辟易としているので、選挙に行きさえすれば2のリベラルに入れるはず。そうなれば4対3対3。自民党が終わり、アベスガ逮捕（笑）

佐高　5割の棄権層でいうとね、やはりオリンピックはやるべきではなかった。俺はこれをあくまでも言い続ける。「強行すれば感染者が増えますよ」と専門家が言ってたわけだ。あの尾身茂でさえ、言っていた。

──御用専門家の尾身さんでも。

佐高　言わざるを得なかった。

——そして東京で、見事に感染爆発させましたね。

佐高　スガと小池百合子だ。あれ、表彰されたんだよ。

——そうそう、バッハ会長からね。

佐高　バッカ（笑）

——バッカぼったくり男爵（笑）

佐高　俺がバッカと言ったんじゃないよ。「テレビで会えない芸人」松元ヒロという悪い友達がいるんだよ（笑）。西谷みたいな、上品な私をたぶらかすヤツもいるし（笑）。小池なんか表彰式に着物まで着やがって。

——感染爆発中に、バッハは銀ブラもしてました。

佐高　小池がけしからんのはさ、例の都民ファーストだ。とんでもない都議会議員がいたじゃない、交通事故起こして。

——木下富美子。選挙中に人身事故を起こして、それも運転免許失効中だった。

佐高　その木下を除名したけど、あれ、小池が応援に行って当選させたんだよ。

——投票日の3日前まで体調が悪い、と出てこなかったのに病気はどこへやら、突如として精力的に応援して、都民ファーストを「負けさせなかった」。

佐高　記者会見で小池は「ご自身が賢明な判断をなさることと存じます」。ふざけるな、お前が直々に辞任させなきゃダメだろ。

——だいたい、「なんとかファースト」ってダメですよ。トランプのアメリカファーストもそうですが、「じゃぁそれ以外の人はどうなるの?」って話ですからね。

佐高　社会とか公共という概念がない。今だけ、俺だけ、金だけの連中だ。

――有権者も見事にダマされる。東に緑のたぬき、西の吉村洋文とか。真ん中の名古屋には金メダルかじったおっさん(笑)

佐高　河村たかし。あれ、「南京大虐殺はなかった」って言ったんだ。

――大村秀章愛知県知事をリコールしたのは、表現の不自由展で「天皇を侮辱した」という理由でした。で、署名を偽造して。でもそんな人々が選挙に勝つ、というのがね。

佐高　でも横浜市長選挙で流れが変わった。一つのターニングポイントだ。オリンピックの話に戻すと「やったから良かった」というのが3割いる。これをあいまいにせずに追及しないと。

――開催前まで7割の人は反対してました。ただオリンピックが始まった途端にマスコミが「誰々が金メダル!」「日本チャチャチャ」になったので、反対の声がかき消されましたが。

佐高　そう、メディアがいかにダメになっているか。それはテレビが佐高信を排除していることに現れている(笑)

――出られるのはタブーなしのこんなラジオや「3ジジ放談」だけ(笑)

野党は「連合」を突破しなくちゃ

佐高　メディアが劣化している現状を打ち破って野党が勝利するには、投票率が上がらないとダメ。そのためには非正規労働を取り上げないとダメ。しかしそれをすると「連合」が嫌がる。だから野党は「連合」を突破しなくちゃならない。

――労働貴族じゃないですか。財界と一緒にゴルフしたりして。

佐高　分かりやすいのが新潟県知事選挙。

――あそこには柏崎刈羽原発があります。

佐高　「連合」が応援しないときは野党が勝つ。

――脱原発候補が。

佐高　それをハッキリ言えるから。で、「連合」が応援したときは負けてるんだよ。俺は両方応援しに行ってさ、「連合」が応援した選挙は冷たいよ(笑)、手弁当でいかないとダメだったんだ。評論家の森田実なんか、自民党候補を応援してるんだよ。「日刊ゲンダイ」ダメじゃないか、森田なんか登場させて。ヤツは公明党の、佐藤優と並ぶご意見番だから。

――「連合」は応援するふりをしながら野党の足を引っ張っている、ということでしょ？　早く解散してほしいな。

佐高　象徴的なのが東芝問題。

――原発企業の東芝。

佐高　あんなにボロボロの会社を政府がなぜ助けるか、というと、やはり原発。東芝の事件が続いた時に。

――不祥事が多かったですよね。

佐高　俺は「ポイントを突いていない」と言ってきたの。あそこには「扇会」というスパイ組織がある。

――それも本に書いてましたね。

佐高　構成員は1800人もいたんだよ。

――それは労働組合の活動家などをチェックする秘密組織ですか？

佐高　「扇会」の目的の一つが「組合執行部を健全派で固める」というのがある。

――健全派という会社派ですね。

佐高　そう。「扇会」が、それに反するような人を問題者として尾行する。

――怖い組織やな。前川喜平さんも政府に尾行されてたけど。

佐高　尾行して、本社勤労部に報告する。

――賃上げしろ、とか有給休暇を認めろ、などまともなことを言った人は尾行される。

佐高　それだけじゃなく、退社後の行動が見当付かない人も。

――飲みに行ってるだけかもしれないのに。

佐高　自分たちが行動を把握できないとダメなんだ。

――退社後に政治集会などに参加していないか、と。赤い集会に。

佐高　そう。それで、そういう人たちが作ったのが電機連合なんだ。だから電機連合が原発を一生懸命再稼働させようとするのは、彼らにとっては当然なんだ。命がけだよ。

――もちろん（東電や関電の労働者で作る）電力総連も。自分たちの東芝や日立、東電や関電を儲けさせないといけない。

佐高　分け前をもらおう、おこぼれにあずかろうと。

――だから労働組合を名乗っていながら、再稼働に賛成。

佐高「連合」から自治労と日教組は早く脱退しろ、って言ってるの。

――自治労も日教組も原発に反対してるんですからね。

佐高　9月下旬から映画「MINAMATA」が上映されている。ユージン・スミスという写真家にジョニー・デップが扮している。作家の石井妙子さんがユージン・スミスの奥さん、アイリーン・美緒子・スミスを主人公にした『魂を撮ろう』（文芸春秋）という本も出している。

――アイリーン・スミスさんは一貫して原発にも反対されてますね。

佐高　そう、それでユージン・スミスが最終的に死ぬ原因になったのは、チッソの社員に暴行されたから。

――それ、NHKのドキュメンタリー番組で映像を見ました。写真撮ってただけなのに殴られてしまった。

佐高　労働組合が会社側に立って、市民運動と対決したんだ。

――労働組合も「社畜」だった。

佐高「社畜」どころか、労働組合こそが、市民を弾圧したんだ。むしろ会社を先導する形で。

――電機連合と同じですね。

佐高　だから、組合をなんとかしないと。

――G7の中で一番組合がだらしない国ですから、日本は。フランスやドイツなんか、平気でストライキしてますし、賃上げ闘争も盛んです。

佐高　普通に労働組合活動をしていた関西生コンという組合が、「反社会的活動をした」と会社から訴えられて、裁判所までが会社を勝たせてしまう。「反社会的」なのは、アベスガ政権の方だよ。それと小池都政とか。

――そしてそれを助けるのが「黒川賭けマージャン」とか「中村格レイプ取り消し」とか。

佐高　佐藤優とか（笑）

アベスガが下品に攻めてくるから

――そういうのを見抜かないとダメですね、有権者は。総選挙はこれがポイントになってきますね。

佐高　これだけマスコミが自民党総裁選挙ばっかり取り上げると、なんか、スガよりマシなんじゃないか、と思っちゃうんだな。

――河野がマシちゃうか、表紙が変わればちょっとはマシかな、という雰囲気を無理やり作られて。

佐高　河野は橋下徹と一緒。それから岸田の「迫力の無さ」は絶品だ（笑）

――岸田もすぐに変わりました。森友の再調査をやる、と言いながらアベに会った直後に手のひら返し。

佐高　とある会合で岸田のあいさつを、たまたま聞いたことがある。俺は今までこれほど迫力のないあいさつを聞いたことがない（笑）

――よく派閥の長になれましたね。

佐高　世襲代議士でなきゃ、当選できていないだろう。

――岸田になってもアベ、麻生の言う通りですね。

佐高　岸田が誰かに知恵つけられて、自民党の役員は「1期1年、3期まで」。

――あれ、二階つぶしでしょ？　幹事長を長くやっているから。

佐高　そう。でも麻生だって何年やってるんだ？　ずっとやってるじゃないの、これを言わないのはおかしいわね。自民党にもね、一応定年制があるの。

――確か72、か73歳で。

佐高　73。

――みんなアウトじゃないですか、二階も麻生も。

佐高　若けりゃいいってもんでもないんだ。例えば世耕弘成なんて、とんでもないのもいるからね。

――（小泉）進次郎も夢みたいな、ポエム語ってるし。

佐高　やっぱり「ブロック太郎」は良くないよ、人の意見を聞かないってことだろ？　忙しくてすぐには聞かなくてもいいから、プールしといて、答えていかなきゃ。リーダーの器じゃないよ。

――そうですね、まだまだお話を聞きたいのですがここで時間となりました。

佐高　そう、早いね。西谷文和にダマされて、いつも心にないことを喋ってしまうんだよ（笑）

――僕も佐高さんにダマされて、いつも心ない相槌を（笑）

佐高　あなたと対談してると、いつも下品なことが（笑）口から出てしまうんだ。

――でも佐高さん、いつも言ってるじゃないですか、アベスガが下品に攻めてくるから、こちらも上品に戦ってたら勝てない。

佐高　そうそう。

――向こうが張り手をかますなら、こちらもけたぐりで返さないと。

佐高　俺、他のところでは別なこと言っているよ（笑）

――はい、キリがありません（笑）。今日はありがとうございました。

佐高　どうも。

この対談は2021年9月24日に行われました。

「感染症ムラ」の闇を暴く

上　昌広（医学博士・医療ガバナンス研究所理事長）

中核は厚生労働省の医系技官

――まずお聞きしたいのは「感染症ムラ」について。よく東電や関電と三菱、東芝、日立、そして経産省やマスコミなどをまとめて「原子力ムラ」と言いますね。まさかコロナ問題にも、この「感染症ムラ」があるとは知りませんでした。

上昌広　日本の「感染症ムラ」の中核をなすのは、厚生労働省の医系技官と呼ばれる人たち、そしてそこから感染症研究所や国立病院機構などに出向、あるいは天下った人々です。コロナパンデミックの際に、彼らはことごとく失敗を重ねてしまった。そしてそれをアベスガ政権が追認してしまったんです。

――例えば、日本はＰＣＲ検査を抑制しましたね。ＰＣＲ検査を徹底させて感染を押さえ込んだ台湾や韓国とは対照的でした。なぜ、日本は初動で失敗したのでしょう?

上　これは法律に決められた通りにやったんです。今回のパンデミックの前に、ＳＡＲＳ（サーズ）やＭＥＲＳ（マーズ）、新型インフルエンザの感染がありましたよね。あれがうまく乗り越えられたので従来の法律、つまり感染症法の規定通りに対応したんです。感染の疑いがある人を見つけたら、強制的に検査をして陽性であればあらかじめ決めた病院に隔離する。ところが、彼らがやれる検査には限界がある。だから初期に検査を抑制したので、多数の無症状の人たちが普通に社会生活を送ってしまい感染者が急増、病院の受け入れ態勢が危うくなった。ここで「感染症ムラ」の人々が、「これは堪らん。検査をやめてしまおう」と言い出したんです。

——検査をして早期に隔離しないと、さらなる感染爆発が起きてしまいますよね。

上　そうです。ただ、これまでの経験で「なんとかうまく行くだろう」と思っていたんでしょうね。特に問題だったのは、発見した感染者のほぼ全てが無症状か軽症だったんです。法律では感染者は隔離しなければいけません。それで無症状感染者をどんどん強制入院させました。そうなれば病院がパンクします。だから当初「ＰＣＲ検査をしたら医療崩壊が起きる」と言った。言ってることは正しいのですが、やり方がマズイです。そんなに深く考えずに、「法律にもとづいて」粛々とやったら、こうなってしまったんです。つまり感染症法に問題があったということです。

上昌広『日本のコロナ対策はなぜ迷走するのか』（2020年、毎日新聞出版）

——当初、政府の専門家たちは「7度5分の熱が出ても4日間は自宅で待機しなさい。それでも熱が下がらないときは受診しなさい」という方針を掲げました。その結果お亡くなりになった方も。これって普通は「熱が出たらすぐに医者にかかりなさい」と言わねばならないでしょう？

上　これは論外でした。病気は早期診断、早期治療であるべき。現在の第5波でも「中等症までは自宅で療養」と言ってますが、あれはわざわざ病気を悪化させているんです。

――自宅療養という名の自宅「放置」ですよね。

上　世界でこんなこと言ってる連中は、いないです。なぜか？　それは日本の感染症法って非常に特殊なんです。感染者を見つけて「国家権力で強制的に検査し強制的に隔離する」。これは著しい人権侵害を伴うのでガチガチに法律で規定している。この方針が始まったのは明治時代なんです。幕末の開国で感染症が流入した時からの。

――ハンセン病患者は差別されて、ずっと隔離でしたね。

上　そうです。旧内務省の衛生警察がこの仕事をやっていたんです。

――大日本帝国のやり方が今も？

上　昭和12年（1937）に保健所ができるんですが、その時の理由が「健兵健民」。健康な兵隊と健康な国民を作るということで、結核患者と虚弱児童をより分ける、というのが仕事でした。

――えっ、これはナチスの発想とソックリ。

上　そうです。当時は世界的にそんな考えでしたから。日本ではこれが戦後も生き残るんです。戦後、世界はやり方を変えて「医療」で対処しているんです。つまり感染者と医師が決めた治療法が最優先されるのです。

――実際に症状を診察するのがお医者さんですから、当然、医師の判断が一番ですよね。

上　はい。患者さんが同意すれば治療に入る。公衆衛生と医療では、医療が優先されるんです。医師が7度5分、4日間も熱が出た患者さんに対して「入院が必要である」と決めたものを、公衆衛生の専門家がダメだと言うのは、おそらく憲法違反です。こんなこと真顔で議論している国はない。日本は非常に特殊な国で、「公衆衛生＝旧内務省の衛生警察が作った仕組み」がいまだに医療より優先されているのです。

——例えば、血中酸素飽和度が95以下でないと入院できませんよね。40度の熱が出てもパルスオキシメーターが96以上なら自宅「放置」。数字だけで決めてますね。

上　これも論外です。パルスオキシメーターは判断材料の一つに過ぎません。全体を見ないとダメ。96でも平気な人もいますが、数値が急に下がる場合もあります。私たち医師は研修医の1年目で「心臓と呼吸が止まらなければ人間は死なない」と習うんです。逆に言うとこの二つが要注意。急速に呼吸状態が悪化したら突然死するんです。案の定、自宅での死亡が続出していますよね。

——そうです。第4波、第5波と、同じことを繰り返しています。

上　悪くなるか、ならないかの判断はベテランの医者の仕事です、経験と勘なんですよ。

——身近なところの「かかりつけ医」へ行き、すぐに治療を受けるのが鉄則ですよね。

上　そこで相談する。「なんとなく悪くなりそうだ」と思えば、入院してもらう。そうすればモニタリングができるので、万が一の時には早期に介入できるんです。特に感染症の場合は、うまく対処すれば結構早期に回復するんですよ。

——そうしておけば命を落とさずにすんだ方が多かったと思います。もしすぐに入院できていたら、抗体カクテルなどで治っていたかもしれない。

上　もちろんです。抗体カクテル以外にも、例えば解熱していくとか。コロナの場合は免疫が急に悪化しますよね、ARDS（急性呼吸窮迫症候群）って言うのですが、これはあらかじめステロイドホルモンを使っておけば、緩和できるんですよ。

——ということは、今、自宅で亡くなっていく方を助けることは十分にできたはず？

上　できる可能性があるし、できたと思います。

——でも自宅「放置」されて、これからも命を落とすケースが…。

上　これからも続くでしょう。何よりもこの冬にもっと流行しますからね。

——コロナの流行は季節的なものですか？

上　そうです。春、夏、冬と流行ってしまいます。去年の夏の流行が6月下旬から始まって、今年と全く一緒。これは韓国も一緒です。去年（20年）のピークが8月10日、今年（21年）は8月25日です。春も同じで、インドで流行が始まった時期と日本は全く一緒です。

戦争の遺伝子を引き継いだ感染症研究

——改めて「感染症ムラ」についてお聞きします。これはズバリ、何者なんですか？

上　旧日本陸海軍と旧内務省の交差点なんですよ。

——戦争がからんでくるんですか？

上　もちろんです。公衆衛生、例えばワクチンは戦前からあった唯一の薬なんです。これを開発していたのが軍医です。例の731部隊ですよ。

――怖い話になってきました。人体実験してましたね。

上　ワクチンを作っていたのが、伝染病研究所で今の東大の医科学研究所と国立感染症研究所です。ここが研究製造してチェックしていたんです。だから戦後、731部隊の先生たちは多数、東大医科研などに戻ってくるんです。

――罪に問われずに復帰された？

上　そうです。今回のコロナでも感染研と東大の医科研の先生方は専門家会議に入ってますよね。国立国際医療センターというのは旧陸軍病院です。だから新宿区の戸山にあります。慈恵医科大学出身の岡部信彦先生は政府の参与で、専門家会議のメンバーです。この大学は明治時代、高木兼寛さんという薩摩藩士で海軍の軍医だった方が創設しています。慈恵というのは昭憲皇太后、つまり明治天皇の奥さんから賜った名前で、戦前の海軍軍医総監は全員が慈恵医科大学の関係者です。つまり海軍、陸軍、内務省の交差点に「感染症ムラ」があります。

――はぁー、ため息しか出ませんわ。

上　例えばコロナワクチンは米、英、中、露が自国で作りましたよね。全部連合国なんですよ。

――戦勝国ですね。

上　また、「日本版のCDC（アメリカの感染症センター）を作れ」とよく言われます。CDCは1946年に出来ていて、その前身はアメリカ陸軍関連の「マラリア研究センター」なんです。だから研究所が（軍隊の発想で）都市封鎖するんです。日本の場合、戦前までの「伝染病研究所」を、戦後GHQが「戦争遂行体制だ」として解体します。そして今の東京大学医科学研究所と感染症研究所に分けられました。戦争の遺伝子を引き継いでいるので、感染症研究所はかなり独善的で、情報開示に非協力的なんです。国民の健康よりも国策遂行、まさに今回のパンデミックでも同じことが起きましたよね。

——そんな歴史があったんですね。確か薬害エイズの時にも安倍英という研究者が、危険だという声を押し切って、血友病患者に非加熱製剤を投与してＨＩＶに感染させましたよね。日本の場合、感染症に関しては専門家がずっと下手を打っているような印象があります。

上 血液製剤とワクチンは同じなんです。血液から作る製剤もワクチンも、戦前は「伝染病研究所」が作っていた。戦後は帰国してきた７３１部隊のメンバーが伝染病研究所やミドリ十字（株）などに就職していくんです。東大医科学研究所の隣には化血研（化学および血清療法研究所）があり、２０１５年にはワクチンの製造過程で不正があったにも関わらず組織的に隠蔽していました。「伝染病研究所」を作った北里柴三郎先生は熊本藩で、この化血研も本部は熊本市にあります。明治の、この国の近代史を反映しているんですよ。

——逆に言うと、戦後すぐに研究者たちの戦争責任を追及し、国として反省して人事や体制を一新していれば、こんなことになっていなかったということですか？

上 第二次大戦中は、世界各国で大なり小なり、生物、化学兵器の研究をやっていたんです。戦後のニュルンベルク裁判、つまりナチスの犯罪を裁いた裁判があるんですが、その中に医師もいましてね、「ナチスの命令で人体実験をやった」と証言すれば処刑されるんです。その時の理由は「医師はプロフェッショナル。プロ（前で）コンフェス（告白する）、つまり神様の前で告白して、患者には絶対に不利益なことはしない、医師は国家の利益よりも人の命を守るのが職業倫理なんだ、と。このニュルンベルク裁判の後にヘルシンキ宣言が出て、「とにかく患者ファースト、国家は二の次だ」ということが世界的なコンセンサスになったんです。

――それはそうです。患者第一、命を守ることが優先されるべきですよ。

上　例えば病院で「医療費を抑制するために、この薬は使いません」なんて言われたら、患者さんは途方にくれますよね。7度5分の熱が出ても、「保健所がパンクするから、電話するな」と言われたら、たまりませんよね。日本は、患者よりも公衆衛生を優先する、こんな議論がまかり通っている国なんです。もちろん公衆衛生は大切です。しかし医師が公衆衛生を言うと利益相反になるんです。目の前の患者さんにベストを尽くすのが医師。公衆衛生は社会のため。利益が相反することが結構あります。医学は古くからある学問ですが、公衆衛生は最近になってから、イギリスの産業革命後に確立されて行きます。例えばアメリカのジョンズ・ホプキンス大学は20世紀に開学しますが、医学と公衆衛生学は別の学部です。今回のパンデミックでも医師でない人、例えば政治家が「7度5分でも4日間はガマンしろ」と言ったら、「あんた、何を言ってるんだ」となりますよね。

――そうそう、アベやスガが言えば、みんな怒ると思います。

上　臨床医という肩書きのある人が言ったから、国民はガマンした。しかしあの考え方はナチスと同じ。患者より国家を優先しているんです。尾身茂さんたちは医師と名乗ったらダメです。医師は目の前の患者さんを大事にする。戦前でいえばナチスも731部隊も「人体実験をする」と言わなかった。「治療する」と言って、患者を連れて行ったんです。

——731部隊は、中国で捕虜にした人を「丸太」と呼んでいましたね。もう人ではない、「材料」だと。

上　はい。今回の日本の事態は20世紀の国際的議論を飛び越えたもの、世界からみれば「今だにこんなこと言ってるのか」と笑われるレベルです。

——この「感染症ムラ」ですが、主体となっているのは厚生労働省の中にいる医系技官。彼らは医師免許を持っていながら、ほとんど臨床経験のない人々で国家の中枢にいる。彼らの天下り先が全国の保健所。このコロナパンデミックで、保健所の存在価値を高めたかったので文科省傘下の大学病院でもできるのに、「PCR検査は保健所を通すこと」というお触れを出した。しかし保健所がリストラされていて人員不足で大パニックになった、ということですか?

上　その通りです。医系技官というのは特殊な職種で、「医師免許があるから」と国家試験を受けずに、キャリアの国家公務員になります。GHQが高級文官制度を解体します。厚生省の厚生三局と呼ばれていた、今の健康局とかに対して「専門職以外は局長にするな」と命令したのです。当時は東大卒業の文官が仕切っていましたが、そこに現役の医師が就くことになりました。ただ戦前の東京大学医学部は、今の「感染症ムラ」とは距離がありましてね、昭和16年(1941)の文部大臣は東京大学で生理学を教えていた橋田邦彦さんで、終戦後自殺します。前回1964年東京オリンピックではJOC会長は東龍太郎さんでしたが、この方も東大・生理学の教授です。いまの東大教授とはプレゼンスが違います。東京大学は一貫して文部省と共同して戦争を遂行したのですね。

——東大は核兵器の研究もしていましたね。

上　今回の専門家会議に東大医学部の方は、１人も入っていません。

――それは知りませんでした。

上　こんなことは極めて珍しい。なぜ１人も入っていないのか？　それはあの戦争の影響をまだ引きずっているからです。つまり「感染症ムラ」はGHQによって作られ、戦後76年経った今も、まだこなれていないのです。世界では本物の専門家が仕切っていて、すぐにグローバルコンセンサス、つまり世界水準の医学的知見で対処している。日本では現場を離れ、研究実績も乏しい専門家が仕切っているので、世界についていけるハズがない。例えばPCR検査。当初、「偽陽性が１％出るから、検査を抑制」などと言ってました。「あんた、何を言ってるの？」というレベルです。日露戦争の勝利に酔いしれて、ノモンハン事件に突っ込んでいった陸軍幹部と似ています（苦笑）。21年7月に、中国の南京市でデルタ株が少し流行したんですが、中国政府は900万人に3回PCR検査を受けさせて、わずか１カ月で押さえ込んだんです。偽陽性なんて１％も出ていません。これがゲノム医学の現代のレベルです。日本の専門家たちの議論って、20世紀・昭和の時代の議論なんです。

――30～40年は遅れをとっている。

上　実はゲノム医学のノーベル賞候補は日本人なんですよ。中村祐輔さんという、大阪大学卒業後に東大の医科学研究所でヒトゲノム解析をされていた方。アメリカのメディアが「ゲノム医学のノーベル賞候補」として報道しました。中村先生は「日本の専門家会議は論外だ。尾身さんたちがA級戦犯だ」とおっしゃっています。

尾身茂氏のＪＣＨＯこそ患者の受け入れを

――尾身茂さんも「感染症ムラ」の一員ですか？

上　もちろん。

――尾身先生のところに利権、つまりたくさん予算が？

上　すごい額ですよ。尾身先生も元医系技官です。現在は、旧社会保険庁の付属病院である「地域医療機能推進機構（ＪＣＨＯ）」に天下って、７年間も理事長を務めておられます。このＪＣＨＯに年間３５０億円の補助金が下りています。

――天下り先に巨額の利権が？

上　おまけに現金だけじゃなく、証券を買っている。

――エッ？　財テクしてるんですか？　もうお医者さんじゃない、そうなってくると。

上　組織として財テクを。ＪＣＨＯだけではありません。国立病院機構、これは戦前の陸海軍病院がルーツなんですが、こちらには１千億円の補助金が入っていて、現金が４００～５００億円増えています。しかしコロナ患者はほとんど受け入れていません。民間病院の平均と同レベルです。

――多額の補助金をもらっていながら、コロナ患者を受け入れていない？

上　しかも独立行政法人として病院を残す時に、官僚は「公衆衛生の危機に対応するために残す」と言ったんですよ。設置根拠法、つまり組織を残す時に作った法律の中に「公衆衛生が危機に陥ったとき、厚労大臣は業務を命令できる」という条文があるんです。「朝日新聞」の記者が会見で「この条文を使わないのか？」と質問したら、田村憲久厚労大臣は「感染症法？　医療法のことですか？」と

新型コロナウイルス感染症対応状況

令和3年7月31日時点

地域	名称	病院情報		新型コロナウイルス感染症患者の受入れ状況				
		総病院数	総病床数	病院数	総病床数	確保病床数	患者数	累計患者数
全国	国立病院機構（NHO）	140	38,896	95		1,854	695	16,755
	地域医療機能推進機構（JCHO）	57	14,285	43		816	345	8,481
東京都	国立病院機構（NHO）			3	1,541	128	84	1,430
	地域医療機能推進機構（JCHO）			5	1,455	158	111	2,354
	国立国際医療研究センター（NCGM）	－		－	701	60	45	1,011

※病床数は令和3年4月1日時点。患者数は8月6日時点

コロナ患者受入れが極めて少ない尾身氏のJCHO（提供：上昌広）

言った。大臣はこの法律を知らなかったんです。厚労省の役人たちは、この質問で大騒ぎして東京城東病院、つまり尾身先生の病院に50床のベッドを追加しました。

――50ベッドって焼け石に水じゃないですか。「野戦病院を作れ」と言ってる時に。

上　野戦病院なんていらないのです。ちゃんと箱があります。国立病院機構や尾身さんたちのところで受ければいい。

――ここに上先生がツイッターで紹介された「新型コロナウィルス感染症対応状況」という表があります。21年7月末時点で、国立病院機構は全国に１４０もの病院があって、総ベッド数は３万８８９６。コロナに当てたのがわずか１８５４床と５％未満。

上　尾身さんのＪＣＨＯは全国に57の病院があって総ベッド数１万４２８５の内、確保したのが８１６床。全体の６％未満です。実際の患者数は３４５名で、確保したベッドの半数以下しか受け入れていません。

――オリンピック後に感染爆発した東京に限ってみますと、尾身さんのＪＣＨＯは５病院、１４５５のベッド数ですが、コロナ用が１５８ベッドと約１割強。患者受け入れが１１１名で、全体のわず

か8％弱しか受け入れていません。

上　コロナ対応の病床がそもそも少ないし、患者も入院させていない。この図表は知り合いの自民党議員からいただいたものなのですが、現時点（21年9月6日）では、大手マスコミは報道していません。

——私もこれ、初めて見ました。

上　国民は、「コロナ対応をしっかりやってくれてるけど、まだベッド数が足らない」と思わされていますよね。

——そうです。最大限の受け入れをした上で、ベッドが足らないから自宅「放置」に至ったと思っていました。

上　尾身さんたちはそもそも準備してなかったんです。なぜか？　コロナの治療には手がかかるからです。受け入れるのなら、ドクターやナースをかき集めておかなければならなかった。しかし現実は逆で、外に派遣している。自分たちの病院が大変になるので、最初からやる気がなかったんですね。

——でも首都圏で感染爆発が起きていますよね、医師や看護師は、東京に集中させるべきだったのでは？

上　そうです。感染症の治療には国際的な知見がありまして、診断と隔離です。患者さん個人もそうですし病院も。

——無症状の人が街に出て、スーパースプレッダー（拡散させる人）になることを防ぐために、早期に検査して隔離し、治療するのが原則ですよね。

上　治療が必要な人も一つの病院にまとめるべきなんです。結核患者さんのために療養所を作っているでしょ、あれと同じ。本来これをやるのが国公立病院なんです、そのために、わざわざ…。

――補助金が入っている。

上　だからＪＣＨＯを設置する法律でも、率先して受け入れることが決まっている。しかしいざという時に、全然受け入れていない。

――ずるいなー！　あれだけテレビに出て「帰省するな」「酒を飲むな」「家にいろ」などと国民にお願いしておきながら。

上　国立病院機構は20年度は年間で１５００億円の補助金が入っていて、現預金は５００億円くらいです。尾身さんのところ、ＪＣＨＯには４００億円の補助金が入っています。そしてＪＣＨＯは証券を買っているので（苦笑）黒字転換しています。「あんた、何してるの？」と叱りたいくらいです。

――これが民間の病院なら「コロナ患者を受け入れたら、外来が減って倒産の危機だ」と受け入れ拒否もわかります、商売ですから。逆に税金が投入されている病院は、今こそ8～9割のベッドをコロナ用にするべきではないですか？

上　そうです。しっかりと国立病院機構とＪＣＨＯが受け入れたら、ここだけで解決します。日本の特徴は、「死者がたくさん出て危機になったわけではなく、病院が足りないから医療危機になった」のです。この二つの公的病院がコロナ専門病院になれば、その段階で解決するんです。病床を増やせばいいだけ。

――「何してるねん、尾身さん」と言いたいです。

上　尾身さんは(戦争に例えると)連合艦隊の司令長官なのに、その仕事をせずに、議論ばっかりしているんですよ。

――自分の仕事をせずに、国民には「外へ出るな」「酒飲むな」と。

上　その上で「ロックダウン」と言ったんですよ。お宅の病院に患者を移したほうが、はるかに社会的コストが低いじゃないか、と思います。国民に「ロックダウン」を求める理由は、医療が崩壊したからですよね。「あんたの病院がしっかり対応しなさいよ」と。

――そのための補助金ですからね。

上　400億円ですよ、1年間で。

――これこそメディアが報道すべきですよね。

上　はい。「朝日新聞」経済部の記者がこの事実を取材して記事にしようとしたのに、「朝日新聞」は大きく報道しなかったんですよ。

――「朝日新聞」もアカンなー。実態がよくわかりました。今からでも遅くない、国立病院機構とJCHOのベッドを、すぐにコロナ用に開放すべきですね。

上　そうです。次の政権の使命はここにあります。病床を増やさない限りは次の冬も、春も医療崩壊してパニックになります。日本は感染者が多いからパニックになったわけではない。感染者数はG7の中で4番目、死者数はドイツと並んで圧倒的に少ないんです。つまり重症患者は少ないが、病床数も少ない。首都東京の病床数はG7の首都の中では、圧倒的に1番で、多い。医師も多いし、看護師もひけを取っていない。ところが、引き受ける病院が圧倒的に少ないんです。普通は国公立病院が専門で引き受けるんです。

――そりゃそうでしょう、そのための国公立ですから。

上　今のように民間病院に小出しに出すと、医療が崩壊するんです。院内感染が多発しますし、非効率になります。だから今やるべきことは、尾身先生が専門家会議の委員をさっさと辞めて、本当の仕事に専念するべきなんです。

――なるほど。

上　大変なんですよ。眼科や産婦人科の先生、コロナ以外で入院されている患者さんたちを他の病院に移すなどの準備が必要です。これに1～2カ月かかりますが、冬場のために今からやらなければいけない。

――冬になると第6波、つまり感染爆発が起きてしまう？

上　そう思います。昨年も数倍になりましたから。

――そうでした。第3、4波は20年秋の「ＧＯＴＯトラベル」の後に来ました。今は感染者が連日3千人を超えていますよね。

上　冬になるとそれが1万人になる可能性もあります。

――その時にベッドが足らない。今も自宅でお亡くなりになる方が続出していますが。

上　今のようになる可能性があります。ベッドが足りないのと、(病院自身が)引き受けていない。尾身さんたちが引き受けない理由は明確です。それは医師、看護師を補充していないから。コロナは手間がかかるので、その病院に医師、看護師という大量の「兵隊」を投入しないといけないのに、やってることはその逆で、引きはがしているのです。

――その努力をせずに、放置している？

上　最初から「やる気がない」ってことなんです。

――「やる気がない」のなら、対策分科会の会長を引き受けるな、と思いますが。

上　そう、会長を引き受けたらダメ。例えばトヨタの社長が経団連の会長をやるようなもの。あなた（尾身さん）は現業のトップなので、一歩も動けるはずなんて、本当はないはず。だから専門家会議の役職を引き受けた時点で、本当に最初からやる気がなかった、ということなんです。

多すぎる日本人へのワクチン投与量

――ビックリする現実が明らかになってきましたが、ちょっと話題を変えてワクチンについて。日本はワクチンについても接種が遅れて、失敗続きでしたが「副反応がキツイ」と話題になっています。上先生は最初から、「ファイザーやモデルナは、身体の大きいアメリカ人向けの分量。これを小さな日本人にそのまま打つと過剰接種になる。もっと少なくていいんだ」とおっしゃっています。

上　はい。海外では治験のデータが公開されます。例えばファイザー社は第一相治験といって、投与量をだんだん増やした結果も公開しています。ニューイングランド医学誌という米国の世界最高と言われる医学誌に論文を出しています。それによれば、10、20、30マイクロと量を増やすほど、副反応は多く出ます。

――そりゃそうでしょうね。

上　アメリカ人の男性は平均体重が90キロ、日本人女性は45キロですから。

――半分の体重で同じ量。これは「打ちすぎ」ですよね？

上　はい。千葉大学は「抗体は女性の方が出来やすい」と発表しています。当たり前ですよ、量が多いからです。

――副反応は女性の方がキツイ、と。

上　副反応も効果も女性の方が多いのは、量が多いからです。こんな議論はとっくに出ています。世界の専門家のコンセンサスは、ネイチャーとかニューイングランド医学誌などで発表するんです。ネイチャーはすでに「モデルナ製のワクチンは、今の4分の1で十分だ」としています。これはコンセンサスです。ネイチャー誌は保守的で、確実な知見しか出しません。

――科学的に確定したものであると。

上　だからWHO（世界保健機構）のような政治・行政組織ですら、昨日（21年9月5日）「量を減らしましょう」と提言したばかりです。これ、日本はすぐにやるべきですよね。

――うがった見方かもしれませんが、ファイザーやモデルナは、たくさんワクチンを売りたいから、「ひと瓶で6回」を崩さないのでは？

上　正直、日本はあんまり相手にされていないイメージなんです。ファイザー社の知人に聞くと、「アメリカと中国以外はどこも横一線である」と。日本は特別に大きくも小さくもないマーケットだという認識。ワクチンは確かに大きな利益を上げているのですが、利幅としてはあまり大きくないらしいんです。

――あまり美味しい商売ではない、ということですか？　ファイザーから見れば。

上　でも大したもんですよ。例えばファイザーの社長って、どんな人かご存知ですか？

――確かスガがアメリカに行って「会いたい」と言ったけれど、会えなかった人ですよね。どんな方なんですか？

上　ギリシャ人の獣医さんです、つまりギリシャ採用の人がニューヨークでトップになります。ご両親はホロコーストの生き残りなんです。そういう家庭で育って、実力一本で社長まで。昨年ドイツ・ビオンテック社のワクチンが出た時に、3000～4000億円の治験費用は、「ウチが自前で出す」と。つまり国の決定を待たずにどんどんやれ、と指示を出したんです。

――それで素早く治験が進んで実用化された。

上　スガ首相が訪米すれば、リップサービスくらいはしますよ。

――スガが訪米中に電話で「ワクチンお願いします」と。電話やったら、日本からでもかけられるのに（笑）と思いましたが。

上　リップサービスですから、それ以上でも以下でもない。

医療より公衆衛生を上に置く日本

――日本に来るのが遅かった。

上　日本の遅れは明確です。ファイザーはグローバルで治験したかったので、地域で1カ国ずつを選びました。アフリカは南アフリカ、ヨーロッパはドイツ、アジアは日本だった。しかし日本は前臨床試験で世界標準とは異なる特殊な規制をかけていたので、遅れてしまった。この特殊な規制は、「非関税障壁」として国内メーカーを守ってきたのです。従来はファイザーも待ってくれたと思いますが、今回は待たなかった。だから1カ国だけ治験に入れず、承認が遅れてしまったんです。

――日本だけが入れなかった。

上　だから海外では年末からワクチン接種が進みましたが、日本は21年2月の中旬からでした。

――そうでした。日本だけが周回遅れ。ヨーロッパは早かったですね。

上　世界中早いんです。日本だけが遅れた。この時、田村憲久厚労大臣が特別に承認すればよかったのに、それもせず治験をやったので遅れました。この遅れを取り戻したのが、実はスガさんなんです。

――スガ政権が当初、躊躇したから遅れてしまったのではなかったのですか?

上　いえ、スガ政権はこんなこと分かりません。厚労省の担当者がやったんです。田村大臣が政治決断をしなかった。スガさんは、ワクチンに関しては頑張ったんです。

――この点に関してはスガは前向きだったんですね?

上　「厚労省に任せておけばろくなことがない」と官邸で引き取ったんです。でも官邸官僚の、例えば和泉洋人さんは旧建設省でしょ?　グローバルな取引に詳しい方ではない。

――そうです、国土交通省の出身。医系技官の大坪寛子さんとコネクティング(笑)されてましたが。

上　この世界はファイザーの社長みたいなグローバルな視点を持った人が取り仕切る世界なんです。

彼らががんばったのは、最初に自衛隊に接種させたでしょ？

――はい、そうでした。

上　あれ、なんで自衛隊だったか、分かります？

――スガが自衛隊を活用したかったから、ですか？

上　総理が直接命令できる唯一の機関だからです。国立病院機構は直接命令できない、担当大臣なんです。

――あー、そうか（ため息）

上　次に厚労省は、各都道府県にバラまいて終わりで、都道府県から各自治体へ。

――そうでした。

上　これは厚労省にとっては楽なんです。本来厚労省がやるべきは、国立病院機構やＪＣＨＯの病院を開放して、住民に打てばよかったんです。自分たちがやろうとは一切しない。

――言われてみれば、尾身さんの病院で打つほうが、確実で早い。

上　尾身さんたちの病院の医師たちは、一番最初に打っています。臨床研究という体裁で。

――医療現場から打ち始めていましたね。

上　自分たちから打ったんです。患者も診ないし、ワクチンも打たないのに。それで批判されたから自分たちの病院でもようやく打ち始めましたが。それでスガさんたちが怒って、官邸主導で「職域接種」を始めたんです。

――企業にやらせろ、と。

上　それで、そこそこ追い上げた。

――スガは東京オリンピックをやりたかったから、当初から「ワクチン一本足打法」でしたね。でも追い上げてから、ワクチンが足らなくなったじゃないですか。

上　それは無理です。世界で供給量が決まっているので取り合いになります。日本はグローバルな競争力がありませんから。もし、最初から腰を据えて取り組むのなら、武田薬品とかが前に出てきて、やるしかなかった。

――コロナ対策が後手後手だったのは、スガ政権が早めに政治決断をしなかったのと、厚労省の「感染症ムラ」が邪魔をしたから、ですね。

上　問題が高度に専門的だった。第二次世界大戦と一緒で、専門家が間違うと修正が効かないんです。

――でもムラの人たちは、間違うように、間違うように対処してしまったんでしょう?

上　あの人たちは世界のレベルから取り残されていた。だからノモンハン事件当時の陸軍幹部と同じなんです。

――旧ソ連とは圧倒的な戦力の差があるのに、戦争に突っ込んでいきましたよね。

上　30年以上前の日露戦争の時と同じ軍備で戦争を仕掛けてしまった。コロナで言えば、中国の南京市が900万人に対して1カ月で3回もPCR検査をしている横で、保健所のレベルで「偽陽性が出るぞ」と言っていた。これは江戸時代と第二次世界大戦の差くらいありますよ。

――大阪では自宅で高熱が出て、かかりつけの医師が「ベッドが空いてるから入院してもええよ」と言ってるのに、保健所が止めて、お亡くなりになったケースも。

上　ありえません。これは専門家の間違いです。医療より公衆衛生を上に置いている国なんて、ほかにないですからね。

――そこで苦しんでいる人を助けることが、いの一番でしょう？

上　はい。国民も怒らないといけないんです。いい加減にしろ、と。

間違えたらすぐに修正すべき

――この現実を私たちが知らされていない、というのも大きいですね

上　そうですね。

――例えば上先生がテレビに出て、今おっしゃったようなことを言う機会はありますか？

上　お呼びがないです（苦笑）

――そうですよね。外国人特派員協会には呼ばれても、ワイドショーには呼ばれない。「感染症ムラ」の専門家は連日出演しているのに。

上　テレビは田原総一朗さんの番組くらいですね。

――そうでしょう。ワイドショーで上先生がこの話をしたら、尾身さん、吹っ飛びますからね。

上　でも、尾身さんが辞めないとダメですよ。彼は正直言って、そのレベルではないので。

――能力そのものが全然足りていない、と？

上　能力はありません。

――世界から2周も3周も遅れてしまっている。

上　野球で言えば、大谷翔平の世界なんです。例えば先に挙げた中村祐輔先生、あの方は「コロナは空気感染する」と、昨年2月に私に教えてくれたんです。

――そうそう、デルタ株は空気感染するらしいですね。エアロゾルになって。濃厚接触ではなくて、20mくらい離れていても感染してしまう。

上　なので三密とかクラスターに固執することは、全く意味がないんです。

――なるほど。

上　失敗してもいい。尾身さんたちは「間違った」と思ったら、すぐに修正しないといけません。今でもまだ訂正せずに濃厚接触者の調査をさせているじゃないですか。あれはすぐにやめて、その労力を在宅療養者のケアに回せばいいんです。

――そして、すぐに入院できて抗体カクテルが打てるのなら、みんな安心しますしね。

上　はい。保健所の人たちに調査させるよりも、治療したほうがいいですよね。

――そして保健所では数字しか見ない。「95以下でないと入院できない」と。

上　あんなのは尾身さんたちが決めていますから。

――これ、「間接殺人」に近いのでは？

上　ええ、おかしいですよ。戦争で言えばA級戦犯です。多数の方を死に追いやっているので。

――手遅れになって亡くなった方々のことを思うとね。

上　でも、手遅れにさせた「専門家」たちがテレビなどでヒーローになってます。

――そして、そんな方々に補助金が投入され、財テクしている。

上 これは財務諸表が公開されているから、調べたら誰でもわかるんですよ。

――そうなんですか。

上 補助金を有価証券として運用してますから。彼らが財務諸表で、そう説明しています。

冬に向けてやるべきことは

――最後にお聞きします。今はデルタ株が猛威を振るっています。その後ラムダ株、ミュー株が入ってきました。変異株の恐怖の中で今後、特にこの冬(21、22年)はどうなっていくのでしょうか?

上 私はこの冬で世界はコロナを乗り切るだろうと見ています。なぜかと言うと、変異株が出てきてワクチンの感染予防効果が半分くらいに減ったのですが、重症者が少ないんです。冬は危ないから3回目を打つと言っています。基礎的な免疫がある程度出てくれれば、罹っても重症化しないんです。さらに21年末までにはメルクやファイザー、ロッシュ、さらに塩野義製薬などの製薬会社が飲み薬を開発するかもしれません。

――抗体カクテルは点滴ですが、飲み薬が出てくるとさらに安心できますよね。

上 コロナには感染するが重症化しない。今の日本の高齢者もそうなっていますよね。となると乗り切れるんです、ワクチンと飲み薬で。ただ日本は病床が足りないので、どこかに病床をまとめて、効率よく診ない限りは「患者も重症者も少ないのに、医療崩壊」するんです。この病気は、まだ風邪やインフルエンザほど落ち着いていないので、一部の方が重症化して亡くなるんですよ。逆にいえば重症化する人々をまとめて診なくちゃいけないんです。

——冬に向けてやるべきことはこれですね。

上　やるべきことは明確です。日本で医療崩壊してるのは、病院、ベッドが足りなくて。

——そしてバラバラに受け付けている。

上　選択と集中をすべき。それは「尾身先生、あなたのところでやりなさいよ」ということ。

——ＪＣＨＯの病院をコロナ専門にして、そこに医師と看護師を集中させて早期治療ができれば安心ですよね。

上　その通りです。次の首相になる人がやれるかやれないか、です。

——次の総選挙が大事になってきますね。尾身さんなどの「感染症ムラ」が生き残ってしまえば、世界は快方に向かっているが、日本だけがまだコロナ危機、ですね。

上　スガさんはコロナが始まった時の官房長官、与党の責任者が今の田村厚労大臣。だから方向転換ができなかった。今までのコロナ対策は合理的ではないので、誰がやっても失敗する。世界でこんな対応をしている国はないんです。重症者が先進国で最も少ないのに、医療崩壊になっている。

——私たちの税金で成り立つ国公立病院、つまりみんなのための病院であるはずなのに、なんと尾身さんたち一部「感染症ムラ」の利権の温床になっている。

上　旧内務省の衛生警察と旧陸海軍の成れの果てを見ているんです。

——原発と似てませんか？　突き進んで行ったら止まらない。

上　原発よりも古いです、明治時代から続いている。戦争文化と同じ。特権意識を持って「俺たちが国家を仕切る。国民は黙って言うことを聞け」みたいな。

――かつて東條英機の「大和魂を持てば鬼畜米英に勝てるんだ！」みたいな世界。

上 今もうまくいかなかったら、人流減とか若者を批判したり、飲食店のせいにしたり、今はデパ地下の責任にしてますよね。

――飲食店はバタバタと倒産しています。

上 「お前たちが悪い」と責任転嫁。感染対策していない店が悪い、と。

――でも空気感染するから、対策しても罹りますよね。止めようがない。

上 だから徹底的な検査しかない。彼らはさすがにこれを知っていて、オリンピックの時は選手全員に毎日検査をしましたよね。お前ら「今までと言ってることが違うじゃないか」と思います。オリンピックの対応を見ていると、彼らの中にやっぱり「おかしいことをしている」と言う認識はあるんだと思います。

――小中学校に運動会を中止せよ、と言いながら五輪という運動会だけは強行するんですからね。

上 パラリンピックでは子どもたちに「行け」と言いましたね。こんなことしてるから、スガさんの支持率は余計に下がりましたよね。

専門家のリセットを

――それでスガが政権を投げ出し、総裁選挙になりました。今のところ「岸田優勢」ですが、誰になっても「アベ支配」が続く。やはり政権を交代させるべきでは？

上　一度専門家を全部リセットしないとダメです。この問題はアベスガ官邸で頼りになる役人がいなくなった、という話ではないんです。アベスガ政治9年間で、専門家が暴走しやすい構造にしちゃったんです。誰のチェックも入らなくなっています。統帥権を盾に暴走した参謀本部と同じ構造。専門性を盾に暴走しているので、メディアも学者も国会も誰もチェックできないんです。

――その土台は、アベスガ政権でイエスマンばかり集めて、耳の痛いことを言う人は左遷してきたからですか？

上　そうです。だから9年間かけてここまでおかしくなってしまった。

――9年間の歪みが。

上　これは敗戦以上の経済ダメージになりますよ。先進国は、規制を解除しているんです。普通の経済活動を始めています。

――バーやパブも再開してます。

上　日本だけです、ロックダウンなんて言ってるのは。感染者はいないんです。

――4回も5回も緊急事態宣言してね。

上　はい。次の真冬に一番大きな波が来るでしょう。

――ということは今、この秋に病床などの手当てをしておかないと間に合わない。

上　簡単です。国立病院機構とＪＣＨＯでやれば。今のワクチン接種が国民の5割を超えたので。フランスが規制緩和したのが20％台、アメリカも40％で緩和しています。

――ベッドと医師、看護師さえ確保しておけば、ノーマルな生活に戻れる？

上　そうです。すでに海外ではそうしている。

――サッカーの欧州選手権ではマスクを外して観戦してましたね。

上　ワクチンを打てば重症化が防げるので、海外では民間企業や保険会社がどんどん義務化しています。保険料を減額できますから。アメリカでこの問題を報じているのがウォール・ストリートジャーナル、企業にとっても合理的行動なんです。

――日本も追いつかないといけないのに、今の体制では無理ですね。

上　尾身先生こそ素人なんです。専門家ではない。ネイチャーやサイエンスなど医学誌に書いていることこそがコンセンサスで、尾身さんは全くそれと違うことを言ってこられた。

――その上でメディアが追及しなかった。

上　はい。医療記者と言われている人たちが医学誌を読まない。専門家すら、厚労省に推薦してもらい、「コロナ対策分科会」や「国立感染症研究所」、「厚労省研究班」などの権威を崇めている。新聞社の中で異論が出た場合、そういう記事を掲載しない。これが日本のメディア。戦前と良く似ていますね。

――はい、話はつきませんが、ここで時間がきました。上先生、ありがとうございました。

上　ありがとうございました。

この対談は2021年9月6日に行われました。

コロナ・パンデミックの中で農業を考える

藤原　辰史（京都大学人文科学研究所准教授）

食べることはすべての基本

——実は私、アフガニスタンに合計11回行ってるのですが、現地がものすごいスピードで砂漠化しているんです。それで、故中村哲さんが砂漠化していく大地に用水路を掘り進められて、人々を救出しておられました。もともとお医者さんでしたが「１００の診療所より1本の用水路を」。まずは食べられるようになることだ、と。約65万人の命を救ってこられたのですが、あらためて農業って大事ですよね。

藤原辰史　食べないと全てが始まらないし、栄養不足だと考えることもできない。食はすべての基本だと思っています。

——そもそも藤原さんは、なぜ農業や食事を研究しようと思ったのですか？

藤原　実家が兼業農家で、コメを作っていたんですよ。

——島根県のご出身ですね。

藤原　島根県の山奥で、ヤマタノオロチ伝説があるところですが。

——過疎に悩む集落ですね。

藤原　その通りです。ショックだったのは小学校の社会科教科書に、「都市の集中」として、東京の写真があって、「過疎地域」として島根県の写真が出てたんです（笑）。子どもながらに心が傷つきましてね、こういう風に見られてるんだ、と。

――その後も人口が減り続けて、参議院の選挙区も「合区」になりました。

藤原　農協も合体しましたし、いろんな意味で縮小してます。

――今後、シャレにならないのは「限界集落」になり、村がなくなってしまう可能性もありますね。

藤原　元総務大臣の増田寛也さんが、『地方消滅』（中公新書）という本を出されて、多くの自治体が消滅しかねない、と警鐘を鳴らされました。一方で私は、また違った印象を持っていて、例えば奥出雲の若い人たちと交流したりすると、意外と元気なんです。

――そうなんですか。

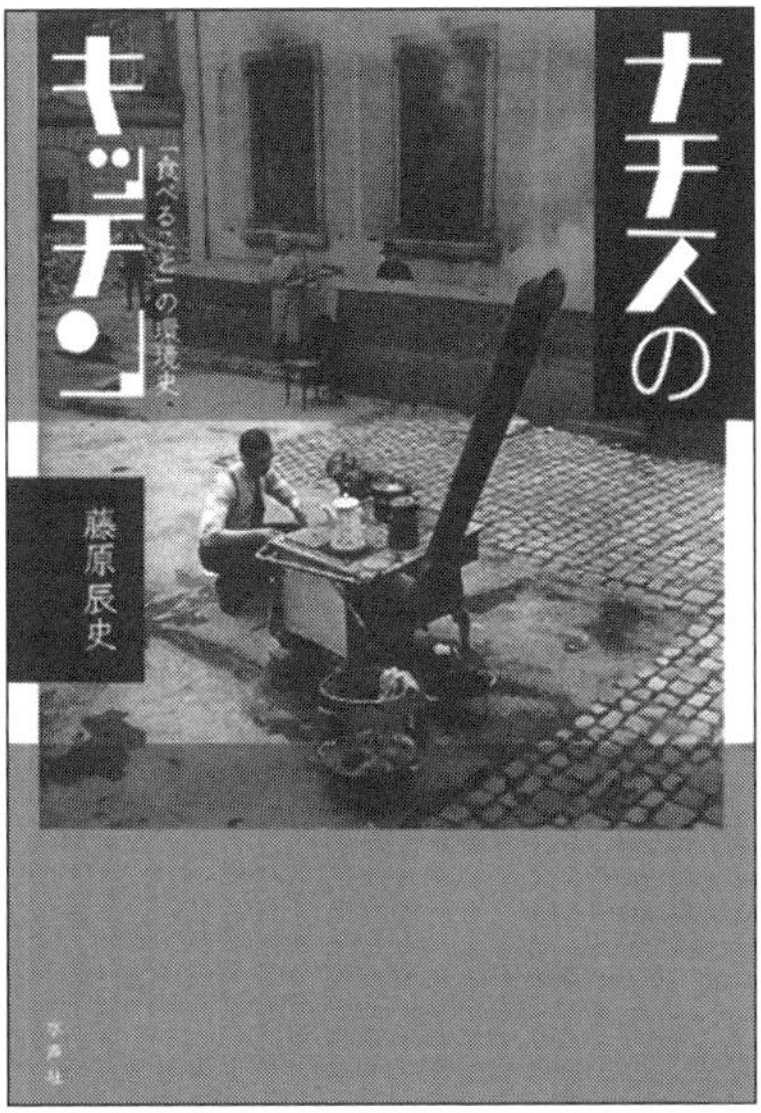

藤原辰史『ナチスのキッチン』（2012年、水声社）

藤原　人が減ってることは間違いなく、小中学校のクラスも減っています。だけど残っている人たちは地域を盛り上げようとすごくがんばっているんです。都会目線で「かわいそうだね」というのが逆によくないんじゃないかな、と最近は思っていて、むしろ都会にはないようなアイデアとパワーを感じます。

――コロナでIターン、つまり移り住んでくる若い人も増えているようですね。東京一極集中の中でのパンデミック。「食料なかったらヤバイ」と気が付いて、例えば長野県や和歌山県で、そんな若者たちに出会ったりするんです。

藤原　そうなんです。都会に住んでいていろんなノウハウを学んだ人が農村に移住するので、いい化学反応が起こることもあるらしいです。

――コロナ後の日本のあり方の一つかもしれません。藤原さんが農業の研究をされたのは子どもの頃に「東京の繁栄」に比して「さびれゆく島根」をなんとかしたいという思いから？

藤原　そうは言っても、私も都会に憧れてましてね（笑）、修学旅行で東京に行ったんですが、首あげっぱなしでしたよ。ビル、高いなー（笑）

――新幹線、早いなー（笑）

藤原　地下鉄の切符、自動なんだ。

――地下鉄ないもんね、島根県（笑）

藤原　夜も明るいし、コンビニも24時間。結局、都会に憧れて、大学は京都に出てきました。

――京都大学で学ばれて、東京大学にも。

藤原　4年間ほど東京大学にも勤めていました。都会の真ん中で過ごしてから、今は京都に戻ってきています。

食の裏側にある問題を見る

――そもそも何を研究されてたのですか？

藤原　学生時代からナチスに関心がありまして、ＮＨＫ「映像の20世紀」を観ましてね。

――シリーズでやってましたね。私も観てました。

藤原　あの番組に感激しまして、ナチスの問題に衝撃を受けたんです。あんなことが起こりうるのか、人間たちの間で。それで、ナチスのことをもっと知りたいな、と思っていたところに、ナチスの文化を研究している先生と出会ったんです。その先生に「ナチスが自給自足の経済を目指していた」ことを教えてもらったんです。

――私も藤原さんの著作を読んで、ビックリしました。「ナチスは農業を大事にした」って、えー本当？と思いました。

藤原　そうです。21世紀の今もね、「農業を大事にします」という政党が出てきたら、農村の人々は自民党ではなく、そっちを支持すると思うんです。

――それはそうでしょう。自民党は一貫して、農村を破壊してきましたから。

藤原　ＴＰＰも一部を除いてほぼウエルカムでしたし。

――80年代には牛肉とオレンジを自由化されて。

藤原　僕の小学校の時のテレビの記憶は牛肉とオレンジですよ。

――日米貿易摩擦でアメリカが日本車を買う代わりに、アメリカの牛肉を買え、と。

藤原　僕にとっては衝撃的な出来事だったので、大学時代、国際法のゼミで発表したら、教授や大学院の先輩たちに「そんな古いことやってもしゃーないやん」などと言われて。

――古くない、古くない（笑）

藤原　京大の、教養あるはずの国際法研究者たちでさえも、農業を軽視していることにショックを覚えました。じゃぁずっと興味を持っていたナチスと、ずっと頭の中で整理しきれないでいた農業問題や食料問題をくっつけて研究しよう、と思ったんです。

――それで『ナチスのキッチン』(水声社)を書かれた。

藤原　そうです。

――その上でコロナについて。結局、人間が森を破壊した。つまり「儲かればいい」と奥地のジャングルまで焼き払ってしまった。その結果、野生動物と人間の距離が近づいてしまったのが原因ですか?

藤原　それだけではないですが、大きな原因の一つだというのは、いろんな論文で発表されています。特に生態学者がそんな発言をしています。例えば、私たちが安く食べられる熱帯植物はバナナです。それからアブラヤシ。これはチョコレートやシャンプーの原料になっています。

――パーム油というヤツですか?

藤原　そうです。日本では緑色のパッケージで植物由来などという宣伝文句で売られているのですが、基本的にはモノカルチャー。同じ種類の植物を広大な土地に植えているんです。

――多様な生物が生きていた森やジャングルを焼いたり、伐採したりして、みんなアブラヤシを植えた?

藤原　その通りです。バナナも。

――これはやはりよくない?

藤原　そのためには広大な土地、熱帯雨林を切らなきゃいけない。それで熱帯雨林に住んでいた様々な動物たちが人間とコンタクトを取らざるを得なくなる。

——動物にしたら災難じゃないですか？

藤原　大惨事ですよ。それで、引越してくるわけです、人間のところに。例えばアフリカのバナナ農園で、エボラ出血熱のウィルスを持っているコウモリが糞をしたり、唾液をつけたりしたものを、人間が食べることで感染したんです。それとモノカルチャーですから、バナナはすぐ病気になっちゃうわけです。遺伝子が同一のクローンなので。バナナは多年生植物、つまり草なので、タネから育てません。基本的には株分けなので、ほとんどのバナナはクローンです。

——同じバナナAから出たもので、市場に並んでいるのはみんなバナナA？

藤原　だから何らかの病気に罹ると、バナナAは全滅。それで農園自体がダメになって、また次に新しい資本が入って、新しい農園に移っていく。これが繰り返されるので、次々に熱帯雨林が伐採されていくんです。

——考えたら変ですね。バナナってずっと値段は変わってません。私の子どもの頃は高級果物でした。

藤原　そうです。でもね、育てるにはものすごい労力が必要なんです。バナナ農園の仕事はただでさえ高温多湿の中での仕事で、毒蛇もタランチュラも出てきますし、バナナのネットリしたところが皮膚に着くと、かぶれてしまったり。労働はきついんですよ。

——ということは、このモノカルチャー生産を続けていたら、今回のコロナが仮に収束したとしても、また次のコロナが来るのでは？

藤原　全く同じことを考えています。例えばブラジル。あの国はボルソナーロ大統領が、つい最近までアマゾンの熱帯雨林を焼くのを容認していました。

――焼き放題だった。

藤原　これは日本の問題でもあって、大豆の輸入量で言えば、第1位はアメリカで、第2位はブラジルですから。ブラジルの大豆畑って、地平線まで大豆です。

――規模が全然違う。

藤原　広い国ですからね。日本は大豆の9割以上を輸入に頼っている国です。

――しかも最近は遺伝子組み換え大豆が主流に。

藤原　そうです、その種子を販売している企業が、その植物にフィットする農薬も売っている。それを私たちは買いまくっている。日本もこの問題につながっているわけです。

――買う人がいるから作るわけですからね、ブラジルも。

藤原　グローバルなフード、食の流れの中にある。

――私たちが何気なく食べている豆腐やバナナ。この裏にある問題を見ておかないと、同じことを繰り返しますね。

藤原　そうなんです、食の研究をしていて毎回感じるのは、食べ物の話をしていると幸せになるじゃないですか（笑）

――今日、晩御飯何にするかな？　お昼はどこの店に行くかな？（笑）。最近の楽しみはこれだけ。

藤原　食べ物を研究していくと、一つひとつの食べ物に「裏の歴史」があるんです。

「食料の安全保障」を考えない日本政府

――売れたらいいんだ、安けりゃいいんだ、と輸入に頼った結果、日本の食料自給率がガクンと下がってしまいましました。農業をつぶしてきた政治の責任は大きくないですか？

藤原　そうです。これは当然海外との関係性になります。日本はずっと加工貿易にシフトして、食料自給率をどんどん下げることで、自分たちの加工品を売る貿易経路を整えてしまったんです。

――車とカラーテレビで大成功しましたね。

藤原　反対にアメリカやヨーロッパ、特にアメリカは農業生産者の圧力が強いですから、この力に押されるような形で、日本は失敗を重ねてきました。内政的には１９６０～70年代に「麦を安楽死」させてしまった。日本は麦の生産国でもあったんです。

――60～70年代の高度成長期に、麦を安楽死させた。

藤原　つまりコメ一本でいく。

――パンはアメリカから買う、と。

藤原　アメリカからだけじゃなく、小麦はカナダやオーストラリアから、大生産国から買うことにしたんです。

――これは危険じゃないですか？

藤原　ええ、小麦は炭水化物で、炭水化物はエネルギー源ですから。エネルギーがないと人は動けない。

――穀物が基本ですよね。

藤原　しかもこの時期からコメ離れが進んだ。この構造を作ってしまったのは、海外の圧力と言うよりは、日本の政治の失敗。

――自民党の責任は大きい。そう言えば小学校の社会科で「日本は二毛作が盛ん」と習いましたよ。夏はコメで冬は小麦。

藤原　そうです。いつの間にかコメ中心に。もちろん私はお米が好きですし、実家も米作農家で、コメは大事だと思っていますが。

――でもそのコメも「作りすぎだ」と減反させられて。

藤原　その通りです。減反は長期にわたって。一番悲惨な例は、秋田県の八郎潟です。

――国の政策で埋め立てた。

藤原　１９５０年代に世界銀行などのお金で日本で2番目に大きい湖を埋め立てて、コメの大規模生産地にしようと思ったんです。結局、日本国内の資金で賄いましたが。「これからは大増産の時代だ」「コメで豊かになるぞ」と。大きなカントリーエレベーター（大型共同倉庫）も建てて、アメリカで用いられるような巨大な機械を用いる農業ができるように、オランダの専門家を呼んで、干拓を成功させたんです。その後、第六次まで入植者を募った時くらいに、減反が始まるんです。

――入植した農民からすれば、詐欺にあったようなもの。

藤原　農民たちはものすごい反対闘争をしました。ヤミ米派と規制に従う派に分裂しちゃったりしましたが、切実な問題を社会に投げかけました。

――戦後の歴史は、農民たちをないがしろにしてきた歴史でもありますね。普通の国は「食料の安全保障」を考えるじゃないですか。コロナなどの感染病対策も安全保障で、ワクチンの遅れなどを見ていたら、結局は「安全保障のできていない国」に見えてしまいます。

藤原　私は15年に強行採決された安保法制にも反対しました。あれでは逆に国民が戦争に巻き込まれやすくなってしまう。国家がある以上、国家の成員、つまり国民の安全や生命を守ることが大事なのに。それと関連して、安保法を強引に通したわりには、生命の根幹であり、戦時に攻撃の対象になりやすい農業や食に関しては、非常におろそかにしていると思います。

――自民党は農家の票で勝ってきたのに。恩を仇で返すような政治ですね。

藤原　つまり二段階でダメだった。一段階目はアメリカから自由化を迫られた時に、なんとかその圧力を農林省がはね返そうとしたけど、押し切られた。そこに「自民党をぶっつぶす」と二段階目の小泉純一郎が出てきて一気に。郵便局も田舎のサービスと情報の拠点だったのに、統合されてしまった。

――あー、ここにも小泉・竹中が。

藤原　（自民党の）農林族が力を持たなくなって自由化が進み、農業が崩れていきました。だから農村の票田も割れました。小泉時代は、地方で自民党への支持が弱くなった選挙区もありました。

――そうでした。小泉・竹中から大阪維新の会に続く新自由主義、アメリカ従属主義が日本をガタガタにしたんですね。

藤原　それまでも悲惨だったのですが、あからさまに地方が切り捨てられてしまった。農村出身者にとってはバカにされているようなものでしたから。

子ども食堂と縁食論

――コロナに話を戻すと、緊急事態宣言が出ました。居酒屋イジメのような政治。「家にいろ」と言われて孤独な方が増えて、一人で食事をせざるを得ない。いわゆる孤食。藤原さんは『縁食論――孤食と共食のあいだ』（ミシマ社）を書かれています。この縁食とは？

藤原　具体的な例では「子ども食堂」をイメージしてもらえばいいんです。

――日本の貧困化に比例してあちらこちらにできていますね。

藤原　コロナ禍でも増えているんです。家族以外の人たちと一緒にご飯を食べる空間。一人ぼっちでもなく、メンバーシップを強制されるわけでもない。そういう空間を縁食と名付けました。子ども食堂はフラッと立ち寄って、ご飯を食べてすぐに帰れます。家族の枠ではケアできなくなった人、あるいは家族の枠から漏れてしまった人でも気軽に入っていける空間。これが全国各地でできているのは何を意味しているのか、これが知りたくて縁食というテーマで研究してみました。

――子ども食堂に子どもたちが集まってきて、安く食事ができたとします。そこに漫画本とかが置いてあれば、それを読みながら、友達ができたりしますよね。

藤原　本や漫画があれば、家が貧しいという烙印を押されることなく、自然に子どもたちが集まって来る空間になります。食べ物とか漫画とか、大事だなと思います。

——学校が一斉休校になったでしょ。今はひとり親世帯も増えている。これ、全国各地で黙って、例えばテレビゲームをしながら孤食している子どもが増えているように思うのですが。

藤原　とりわけ最初の20年3月、急に小学校を休校にしましたよね。あの時に給食も閉じちゃったので、家族以外の人と会う時間が急激になくなっちゃったんです。本来は給食なり、子ども食堂なり、あるいは学童保育なりで触れあう場所があったのに、ゲームでつながるしかなくなってしまった。

——またハマるんですよね、寝ないでゲームしている子もいるとか。

藤原　唯一のつながる場所なんですよ、今はネットゲームなので。友達と話せるのが実はゲームだったりする。私はそこまで見ないといけないと思っています。単に一人ぼっちになってしまうという意味もあるんですが、やはり目も疲れるし昼夜逆転もするでしょう。

——悪い大人が少女を呼び込んだりする事例もありますし。

藤原　インターネットでつながってますから。だんだんバーチャルなものがリアルに見えてきてしまいます。そんな中で子ども食堂が増えているのは、全く逆の方向で、やはり具体的な「物」がその中心にあるからなんですよ。

——やはりお腹が減るし、食べないと死んでしまいますからね。

藤原　バーチャルなゲームの世界以上に、そこに物があって、それを食べれば元気になる。このパワーはゲームに比べることができません。

——そして食事しながら、おばちゃんと喋ったりとかね。近所の子と、学校は閉まったけど、おしゃべりができたりとか。

藤原　ＮＨＫ広島に呼ばれて、「子ども食堂についてしゃべってくれ」と。その時に流れた映像に、ワンオペのお母さんの事例があって。

――ワンオペっていうのは？

藤原　お父さんがなかなか帰ってこないので、ほとんどをワンオペレーション、育児もするし、ご飯も作るし、掃除洗濯も。

――家事育児、全部をお母さんが。

藤原　その方はテレビで「子ども食堂が本当に助かる」と。何が助かるかと言うと、やはり「煮詰まっちゃう」らしい。自分たちだけで食べていると。ところが食堂に行くと、食事を作っているおばちゃんがいて、おばちゃんの膝に「よいしょー」と子どもの一人を持って行ってくれる。そうするといつも我慢していた長男がお母さんの膝に乗っていく。

――そうか、いつもは次男に譲っていたけれど（笑）

藤原　家族以外の人がちょっと侵入することで心が少し楽になる。

――そんな、民間の子ども食堂のエピソード、よく分かりましたが、これは、「ホンマは政府がやらなあかんこと」と違いますか？

藤原　そうです。僕が「縁食論」で一番いいたかったのは、むしろそこです。

――何のために私たちは税金を払っているのか。

藤原　人を、特に生活に困っている人を税金で支えて、朝昼晩と食べさせるためですよね。ところが人を食べさせるためではなく、より人々がギャンブルをしやすいような。

――カジノを作ろうとしてますね。

藤原　税金をそっちに使おうとしている。ものすごく高い武器を大量にアメリカから買っているんだけれど、本当は衣食住の充実のために税金を使わないとダメですよね。ところがそうなっていないから、仕方なく地域の人たちがボランティアで支えている。本来はおかしなことなのですが、子ども食堂ができた以上、今後はここをある種の地域の拠点にしながら政治を変えていく。そんな風になっていくんだろうなーと今は見ています。

――先日、福岡県でママ友に支配された母親が、3人の子どもが虐待されているのを放置してしまい、一番下の5歳の男の子が餓死する、という事件がありました。これは私の想像なのですが、下の子だけ給食がなかったのかな、と。つまり、ここまで極端ではないとしても、「小学校の給食でギリギリ命をつないでいる子ども」は意外に多いのではないかと。

藤原　その通りです。子ども食堂だけを重視するのは不十分。本丸は給食だと思います。給食は土日を除く毎日ですから。学校の先生たちのインタビューを読むと、「夏休みの後、子どもがガリガリになっていた」という声も複数ありました。

――特にコロナで非正規の方は失業したり、減給になっているから。

藤原　給食が命綱だった、という子が多いんです。

――一斉休校したらアカンじゃないですか。アベが勝手に決めたけど。

藤原　学校は続けるべきだったし、せめて食べる場所だけでも確保すべきだった。例えば京都などはまだ中学校給食が整っていません。地方自治体が予算を出し渋るし、夏休みの貧困家庭向けのご飯を食べる場所などは本当はあってもいいと思っています。義務教育ではないのですが、高校にも食べる場所の確保は必要です。政府がその気になればいくらでもできますよ。

戦争と農業

――オリンピックしているお金をそっちに回せ、と感じますね。先ほどチラッと「アメリカ製の高価な武器」の話が出ましたが、テーマを「戦争と農業」に移したいと思います。藤原さんはナチスの研究家でもあります。ナチスは農業を重視して「ヒトラーはベジタリアンだった」って本当ですか？

藤原　そうです。ヒトラーやヒムラーは基本的に野菜料理しか食べなかった。また、ナチスは最初、都会の人々からゲットしようと思って、選挙戦は都会向け、工場労働者向けの政策だったんです。

――プロパガンダは都会向けだった。

藤原　1928年くらいまでは都会向けだったのですが、やっぱり農業が大事だと農村向けにプロパガンダをチェンジするんです。宣伝相のゲッベルスが。

――ゲッベルスの悪知恵で。

藤原　文学の博士ですから、頭は切れる。なぜかといえば農村の借金が膨らんでいたんです。世界恐慌で。

――世界恐慌といえば1929年。

藤原　そう、そのちょっと前からヒトラーが出てくるまで、ドイツの農村では膨大な借金に苦しんでいました。

――日本でも娘の身売りとかもあった時代。

藤原　ドイツでいえば、例えばシュレースヴィヒ＝ホルシュタイン州で酪農をやっていた人たちが高い設備にお金を投資していたのですが、不況で借金が焦げ付いて、銀行に抵当として牛を奪われたり母屋を取られたりしていたんです。農村では不満が高まり、デモが起こった。そこに目をつけたナチスが「農業こそが国家の背骨である」という内容の農業綱領を出して、大量の農村票をゲットするんです。それで彼らは第1党になっていく。

――そうでした。ナチスは選挙で勝って、政権を取ったのでした。

藤原　選挙での農業票が多かった。そこで、敵は何かというと、資本主義。資本主義ではなく、ちゃんと土地に根ざして食べ物を作ることこそがこの民族の基本だ、と言ったのです。

――「敵は資本主義」というのは正解だと思います。機械の金が払えずに、財産を没収されていったわけですからね。

藤原　しかしそこからが問題で、まず資本主義＝ユダヤ人という図式を立て、「ユダヤ人が世界を牛耳っている」というデマを。

――陰謀論を。

藤原　その上で「救うべきドイツ人」はすごく絞られていて。

――アーリア人ですか？

藤原　そうです。アーリア人でないといけない。ポーランド人はダメ、ロシア人ももちろんダメ。これだけではなくアーリア人であっても、身体障害者、精神障害者は安楽死や断種の対象となりました。

――殺しましたよね、大量に。

藤原　これは相模原の事件と一緒で、社会に負担をかける「生きる価値がない」と判断した人については、そこから漏れます。こんなとんでもない資本主義批判をしてしまったんです。

――私もベルリンを訪問してT4作戦を取材しました。

藤原　T4作戦はアウシュヴィッツと並ぶナチスの悪行だと思いますが、日本では比較的知られていません。

――次々に障害者を殺していく中で「いかに効率よく殺すか」と、毒ガスで殺すようになった。これが後のアウシュヴィッツにつながっていくんですね。

藤原　「ユダヤ人の最終解決」ということで、最初は銃殺、次に車に閉じ込めて排気ガスで殺すとか。

――排気ガスで。

藤原　ええ。でも効率が悪い。アウシュヴィッツって結構、害虫に悩まされていたんです。収容者の食料である穀物を置いてましたので。それで害虫を殺す農薬があったんです。この農薬の名前が「チクロンB」。

――「チクロンB」の名前はよく出てきます。

藤原　アウシュヴィッツでは今でも展示されています。あの白い粉は、第一次世界大戦で使われた毒ガスを研究していた人たちが、余った毒ガスを使って、「住居を消毒する商売」ができるぞ、と会社を作った。その会社が「チクロンB」を製造したのです。

——第一次、第二次大戦の間に?

藤原　そうです。これをナチスはユダヤ人に使った。時系列でいえば、最初は人間を殺すため、次に害虫、そして最後にまた人間。

——ユダヤ人や障害者を殺していったのは、いわゆる優生思想。健康優良児で賢い人しか生き残ってはいけない。劣ったユダヤ人や落ちこぼれたヤツは社会の無駄、と。

藤原　資本主義(=ユダヤの拝金主義)は健康な人種を発展させない。ナチスはこの意味でしか資本主義を批判できなかった、ということです。

——確かに相模原事件に通底するものがあります。元施設職員の植松聖は、まさにそう思い込んであの犯行に及んだ。つまりナチスの考え方って、今も死んでいませんね。

藤原　そうですね。ナチスのリーダーも彼も、おそらく世の中がよくなると思ってやったんですよ。これによって、障害者に税金を使わなくていいし、もっと違うところに使えるだろう、という論理。ナチスがあれだけの人々の心をつかんだのは、こんなレイシズムや障害者差別とかをある程度耳に挟んでいたはずなんですが、その上で支持した。つまり、タブーに踏み込んでも「新しい社会を作ろう」と。こんな思いに人々が共感してしまったんです。

——トランプ前大統領が「メキシコ移民は犯罪者だ。追い出せ」と言うのは、タブーじゃないですか。しかし少なくない人々が「タブーを乗り越えてよく言った」と支持しているのも現実。

藤原　ドイツは「日本よりも歴史と向き合っている」と言われますが、例えばシリア難民に対する差別意識って、ものすごく強いんです。

――そうなんですか。

藤原　ＡｆＤ、「ドイツのための選択肢」という政党が難民排斥を主張していますし。

――結構な票を取っていますね

藤原　20％以上獲得してますから、相当な勢力になっています。

――ドイツってトルコ系移民が多いでしょ。トルコの人もかなり差別されていましたよ。

藤原　そう、トルコ移民に関してもナチスに近い発言をする人が増えています。

――トランプ前大統領が、コロナのことを「チャイナウィルス」と呼びました。その後、アメリカで中華系や日系の移民が殴り殺される事件も。

藤原　民族の「禍」、コロナの「禍」。この二つをくっつける。これが重要なプロパガンダになってしまうんです。

――藤原さんの著作を読んで、改めて思い知らされたのが「戦争と農業」。これがつながっている。第一次世界大戦ではトラクターが戦車になり、化学肥料が火薬になり、戦争で使われた毒ガスが戦後、農薬になった。これは知りませんでした。

藤原　第一次世界大戦は塹壕戦だったんです。穴を掘って有刺鉄線を張り巡らせて、ドンパチやっていたのですが、あまりにも銃弾が飛び交って前進がしづらくなり、戦線がこう着状態になる。一気に打開するために考え出したのが、戦車なんです。ぬかるみと有刺鉄線を乗り越えていく乗り物はないのか？　「そう言えばアメリカにトラクターってあったよな。あのキャタピラーのトラクターを使おう」と考えたんです、イギリスが。

――へぇー、なるほど。

藤原　ただそのままでは使えない。改良に改良を重ねて、「陸上軍艦委員会」というのができます。海ではなく陸の軍艦。それで軍需産業に頼んで作ったのが戦車の始まりです。

――当時は無敵だったでしょうね、戦車は。

藤原　そうでもなかったんです。第一次世界大戦の時は、まだ出来たばっかりで。怖がられましたが、あまりうまくいかなかった。途中で故障したりして（笑）

――戦場の真ん中で立ち往生（苦笑）

藤原　戦車よりはむしろ砲弾とか機関銃などが有効だった。あとは火薬です。

――化学肥料を火薬にしたんですか？

藤原　硝石っていうのは火薬にも肥料にも使えるんです。人間にも植物にも窒素が必要で、水に溶けた窒素化合物、例えばオシッコに含まれるアンモニアが重要だったんです。ナポレオンは家々を回って尿石を集めて、これを火薬の原料にしました。ところがわざわざ苦労して集めなくても空気中に窒素って無限にあるじゃないですか。1900年代初頭に空気を原料としてアンモニアを作ることができるようになったんです。

――へぇー空気から。

藤原　ハーバー＝ボッシュ法というんです。膨大な化石燃料を使って、電気を起こしてかなりのエネルギーを投入し、空気中にある安定した窒素をアンモニアに変える。

――すごいなー。

藤原　本来、それができるのはマメ科植物に付着する根粒菌か、カミナリだけだった。それが人間の力でできるようになって、パンドラの箱、つまり開けてはいけない箱を開けてしまった。

――それで火薬が安値で大量に。

藤原　合成窒素肥料と火薬の大量生産が出来るようになってしまった。日本の場合、ハーバー＝ボッシュ法とは違う形で、窒素を作る企業が水俣にできた。

――それがチッソ（株）、水俣病の。

藤原　チッソ（株）は元々の名前が「日本窒素肥料株式会社」ですから。

――そんな歴史が。勉強になりますわ。

藤原　だからチッソ（株）は化学肥料と火薬の両方を作っていました。朝鮮半島には「朝鮮窒素肥料株式会社」というのを作りまして、これは今の北朝鮮にあるんですが、ここで化学肥料と火薬を作って、日本陸軍の満州進出を助けていたんです。

――チッソ（株）という会社がなければ「満州国」もなかった、ということですか。

藤原　成り立たなかったのです。火薬を作れなかったら。

農薬から化学兵器へ

――次に農薬についてお聞きします。第一次世界大戦で化学兵器が使われて、戦後に農薬になった？

藤原　化学兵器、つまり毒ガスは第一次世界大戦では重要な兵器でした。塹壕に潜っている兵士をあぶりだすために。当時のドイツは世界第2の工業国です。有能な化学者も多かった。ドイツ政府から「作れ、作れ」と言われるわけです。それで最初は「くしゃみ剤」を作っていました。

――くしゃみ剤（笑）

藤原　くしゃみしてたら銃を撃てないでしょ（笑）。工場で女工さんたちがくしゃみをしている。なんでかな、と思ったら合成染料、青色を作る染料を作っているとくしゃみが出ることが分かりました。のちにノーベル賞を取る化学者が、「これ、戦場で撒いちゃえ」と撒布したのですが、いまいち効果がなかった。この後にさっきのハーバー＝ボッシュ法を作った、フリッツ・ハーバーが皇帝に「毒ガスを作ってくれ」と頼まれるんです。

――ドイツ皇帝から直々に。

藤原　ハーバーは、ユダヤ人でしたが、仲間を集めて毒ガスを作るチームを結成し、実際に3種類作ったんです。一つは塩素系の窒息剤。次に皮膚がただれる系のマスタードガス。最後に青酸ガス。2時間ドラマでよく出てくる青酸カリの毒素と同成分です。これは動物の血液の中に入って、ヘモグロビンが酸素を取ることを妨げるんです。

――酸欠で死んでしまう。

藤原　アメリカも膨大に作っていて余っちゃったんです。

――それで、余った青酸ガスを。

藤原　戦後、「もったいないなー」と。これで人を殺せるのにと。

――「もったいない」からって、人を殺してはいけません。

藤原 応用昆虫学者が、もしかしてこれを害虫駆除に使えるのではないか、となりました。それで空軍の飛行機に青酸ガスを載せて、綿花畑に空からばら撒いたんです。

――危ない、危ない。農民が吸ったらどうするの、という話ですね。

藤原 青酸ガスを薄くして。昆虫に効くくらいに。やってみたら効果てきめん。

――アメリカの広大な畑に飛行機で農薬散布って、よく写真や動画で見ますよね。

藤原 そう、あれをやった。アメリカにとって綿花の害虫は生産量を大きく減らす原因でした。かつての奴隷労働はこのためにも必要だった。「農薬は商売になる」と全米各地で広がっていきました。

――虫を殺すのですが、人も殺すんでしょ。大量に散布すれば、地面に溜まっていきますよね。

藤原 そうなんですが、「薄めている」ということで(苦笑)。レイチェル・カーソンが『沈黙の春』(1962年)で指摘するまであまり問題になっていなかったんです。

――環境ホルモンの問題はスルーされていた?

藤原 かつては無視されていました。どんなに先駆的な研究者でも、そこまでは意識していなかったと思います。

――確かワニの生殖器が短くなっているとか、衝撃的な内容でしたね。

藤原 レイチェル・カーソンが偉大だったのはそこでした。まぁそんなことで毒ガスが農薬として使われてきたということです。

――戦争で発達した技術が、民生用に使われていく。いまのインターネットもそうですね。あれは米軍が作ったシステムです。

藤原　だから軍事技術って、私たちの日常にしっかり根付いているので本当に怖いですよね。

――第一次、二次世界大戦が終了して、アメリカ一強の時代が来る。その時に国連を通じてアメリカが食料を「ギフト戦略」していった、と書かれていますが、これはどういうことですか？

藤原　アメリカは同盟国を作らないといけない。旧ソ連との冷戦に勝つために。

――同盟国は欧州と日本ですね。

藤原　そう、ＮＡＴＯです。アジアでも、韓国とフィリピンを含めて日本が重要になる。

――今も続く同盟関係。

藤原　当然、軍事力を助けてあげないといけない。だからNATOにも日本にも軍隊を送っている。

――沖縄にはいっぱい基地を作ってます。

藤原　この軍事力を提供するのと引き換えに、食料を買ってもらおうとした。アメリカは膨大な食料を余らせていた。作り過ぎが問題になっていたんです。これをいかにさばくか。だから日本を「小麦を食べてくれる国」にしなければならなかった。

――それまでは、パンは普及していませんでしたからね。

藤原　日本以外にもいろんな地域に市場を見つけては、援助をしたり、余った分を売ったりしていた。あるいはタネを持って行ったり。アメリカにとって成功したのは「緑の革命」。１９６０年の革命で、アメリカ中心の企業と研究者たちが、狭い土地でもどんどん育つ高収量の小麦とコメの品種を開発しまして。

――収穫量をどんどん増やすことに成功した。

藤原　そうです。効率のいい種子を拡散した。しかもこの種子を育てるには、アメリカの農薬を使わないと育たないという「パッケージ売り路線」にした。

――モンサント社という悪名高い企業がありましたね。

藤原　モンサント社は上手にやりました。

――ベトナム戦争の枯葉剤は毒ガスの一種だと思うのですが、それを薄めて農薬にしたんですよね。

藤原　枯葉剤は毒ガスではなく、農薬です。枯葉剤と言うから混乱するんです。端的に言って、除草剤です。

――でもジャングルみんな枯れるんでしょう？　毒のかたまりと違いますの？

藤原　はい、毒のかたまりです。そして環境ホルモンがばらまかれる。実は枯葉剤は単にジャングルからゲリラをあぶり出す、ということだけじゃなくて、そもそも「農地を壊滅させる」という目的でもあったんです。

――ベトナム人が抵抗しないようにですか？

藤原　そうです。食料こそが武器だ、とアメリカは知っていたので。

――賢いな、アメリカは。

藤原　だから森だけじゃなく、農地を不毛にしようと。

――水田もダメになりますよね。それでベトちゃんドクちゃんなどの悲劇もあって。

藤原　はい。

――戦争犯罪じゃないですか。

藤原　その通りです。

――モンサントはそんな「汚れた会社」でしょ？　で、ここが遺伝子組換えをする。モンサントが作る遺伝子組み替え大豆と、モンサントの除草剤ラウンドアップをセットで売る。そうすれば遺伝子組換え大豆だけが成長して、他の雑草は生えてこない。農民は次の年から「モンサント漬け」になってしまう。

藤原　そういうことです。特にラウンドアップはすごく効くので。

――日本でも売ってますよ、コーナンなどのホームセンターで。

藤原　ラウンドアップは国家の後押しもあってインドにも普及しまして、農民が買わざるを得なくなる。パッケージ売りですから。今、インドですごく自殺が増えているのですが、ラウンドアップを飲んで死んじゃうんです。

――えっ、死ねるんですか？

藤原　農薬って毒薬なので、手っ取り早く死ねる。

――インドの農民がモンサントの借金を返せずに？

藤原　モンサントは今バイエルというドイツのグローバルな化学企業に吸収合併されまして、それ以外にもデュポン社とか。すごく広告に力を入れて、イメージをよくしているのですが、やっていることは健康に直接害を与えるようなやり方ですね。

小規模農業を大事にする

――どうしたらいいのでしょう？　「麦の安楽死」をやられた日本、食料自給率が4割を切った日本で、モンサントのセット販売は農家の手間を省けるわけですよね。今後、有機農法、自然農法で食料自給率を上げていくには、どうしたらいいのでしょう？

藤原　それはみなさんと一緒に考えていかないと、なかなか答えは出ません。1年くらいかけて国会で議論すべき大問題です。私が思うのは、日本って狭い土地しかないんです。アメリカやブラジルを眺めていると、それはヘリコプターを飛ばしたくなりますよ。地平線まで広がる大規模農業をやればいいけど、北海道以外は無理ですよ。

――アメリカとかブラジルと競争しても勝てるわけがないでしょ？

藤原　はい、無理です。でも今、日本が勝とうとしているのは値段です。

――黒毛和牛の高級ステーキとか、そんな特別なものですね。でも普通の人は食べられない。

藤原　贅沢品ですからね。今、農林省がやっているのは、海外で売れる高級品戦略。いわゆる「強い農業」です。

――ごく一部の農家だけが成功するかもしれないけど、一般的な農家は負けてしまいますよ。

藤原　もちろん和牛農家も酪農農家も頑張っているんですよ。しかしこんな戦略では全体のものにならない。農業政策の立て方を変えるべきです。今ちょうどいい風が日本に吹いています。

――それはどういうことですか？

藤原　国連が「小規模農業を大事に」と言い始めています。なぜかと言えば今、土壌流出が激しいんです。土壌がダメになっているんです。

――収穫高だけを追求すると、土壌が痩せていく？

藤原　それに重い機械を入れると、水も飛んじゃうんです。その上で化学肥料を使いすぎて、土地の劣化が激しくなる。国連は「国際土壌年」として2015年からキャンペーンをしています。国連が「大規模農場ではダメ」と言ってるんです。

――持続可能ではない。

藤原　そう。小規模・家族農業であれば、自然を過度に傷つけることなく農業ができるし、地域も元気になる。大規模農業が例えば大阪に入ってきて、大阪の農業を全部支配する、ってことは可能だと思いますが、その瞬間に大阪の農村がなくなります。

――負けますね。同じ水ナスを作っても、大企業のは30円くらいで、農家のは300円。

藤原　だけど水ナスっていうのは泉州の土地柄があって、伝統的な野菜でしょ。これを海外資本の大規模農法ではできない。つまり日本が今の国連の流れに乗りながら、小規模農業で生産量を上げていくことです。それも、できるだけ農薬や化学肥料やそれらの原料である化石燃料を使わない方向にちょっとずつ誘導して、世界最先端のモデル国になればいいんです。

――チャンスが来てる、ということですか。

藤原　チャンスが来ています。世界は小規模な脱石油依存型の農業を求めている。しかし日本政府はなぜか、アメリカ式の農業がいいと思っている。

――逆に言えば、今こそＴＰＰから離脱すべきじゃないですか。

藤原　そうです。逆張りしないと。

――TPPに入れば、全部大規模農業にやられてしまうでしょ。

藤原　北海道でさえ、アメリカと比べたら小さい規模なわけです。だから小さな規模でもできるだけ環境負荷がかからない農業は「日本に来い」と。今後は、日本にこそ未来を牽引する農業の全てがあるという研究体制、農業体制を作ることが、自給率を上げる一番の方法です。

――コロナを経験して「農業が大事」「これからは地産地消だ」という人が増えています。今後は「循環型の社会」を目指すべきです、エネルギーも食料も。コロナの時代だからこそ、しっかりとした農業政策があれば、ピンチがチャンスになるということですか？

藤原　今、内閣府は情報、ITやAIのことばかり見ています。若い人はそっちへ流れるようにと、小中学校でも「情報」の授業が始まっています。でも「情報」よりも「農業」だと思います。

――だってスマホは食べられません（笑）。

藤原　注文はできるけど、食べられない。機械の端末に過ぎません。農業は訓練が必要です。家庭菜園レベルでも。なので基本的にはみんなが農業できるような知識をまず身につける。教育が大事です。「情報」なんて勝手に身につきますよ。みんな、ゲームが好きなので。子どもたちが農業の知識を身につけた上で、もっと農業のパターンを増やしていく。農業という職業がどれだけ素晴らしいかを、教育の場で教えていく。

農業はケアしていく仕事

――気候変動の影響か、洪水被害が多発しています。水田がなくなっているのが大きな原因の一つですよね？

藤原　昔から水田が水を蓄えていました。だから自然のダムであるし、水田にはものすごく多様な生物が住んでいて、その生物たちが土壌を守ってくれていたわけです。この水田を休耕地という形でかなり休ませています。これは農業を支えていた世代が引退してしまったからです。

――農家の平均年齢は65歳を超えているんでしょう？

藤原　超えています。今はいろんな地方で、農業移住者に厚いケアをしています。もっと政治が介入して支えるべきです。後継者問題は危機的な状況です。

――自治体から見ても若い人に農業をしてもらったら、そこに市民税が落ちるわけで、子どもができたら学校が必要になり、廃校の危機を乗り越えられる。自治体にもUターン、Iターン者にとってもウィンウィンになりますからね。

藤原　私はそのIターンの人たちと接することが多いのですが、いつも元気をもらいます。例えば山口県の周防大島町。この島には結構移民者が多いのですが、そこでは単に農業をするだけではなく、豊かな自然を利用してハチを飼ったり、コミュニティーを作って勉強会やお祭りをしたり。島で特有の文化を協力して作っているんです。

――周防大島町がそんなにがんばっているのに、政府は隣の祝島に上関原発を作ろうとしている。いろんな意味で許せませんね。

藤原　そうですね。移住者も地元の若い人たちも輝けるような、村おこしのチャンスがきていると感じています。もちろんコロナで地方も疲れてきたし、観光で食べてるところは大打撃。しかし「食料」という観点からみれば、高い代償を払って学んだことは大きかったと思います。

――農業は絶対に必要なエッセンシャルワーク。逆に戦争は絶対に必要ないブルシットワーク（牛の糞＝くそくらえの仕事）。もっと農業がエッセンシャルであることを認識すべきですね。

藤原　農業はある意味、ケアしていく仕事なんです。家畜をケアしていく仕事でもあるし、山林や農地、土壌の中の微生物、そして人間自身も。だからいろいろな福祉法人の方々が農業とマッチさせて、農作業と心のケアを同時に行うことを展開している。本当の意味で人間の生活を助けてあげたい、という思いにリンクする、そんな仕事だと思っています。

――そうですね。高齢者の生きがいと農業、子どもたちの学びと農業が結びつけば、コロナ後の新たな展望が見えてくるかもしれません。今日はどうもありがとうございました。

藤原　ありがとうございました。

この対談は2021年6月8日に行われました。

「呪いの言葉」から「希望の言葉」へ

上西　充子（法政大学教授）

「聞く力」とは「自民党の中の人たちのいうことを聞く力」

――アベスガ政治が9年間続いて、岸田文雄内閣になりました。この9年間を振り返って、今何を感じていますか？

上西充子　岸田内閣になって、「首相の言葉がちゃんと聞こえる」ことに感動しています（笑）。今まで安倍首相にしても菅首相にしても、やりとりが成立しないことが非常に多くて、それがストレスでした。私はこれを正常化させたいと思ったので、国会答弁の言葉を問題にしてきました。その意味で総裁選に出馬された4名は、それぞれ記者の問いかけに対し、きちんと理解をして噛み合った説明を返す、という「やりとりの成立」がありました。岸田首相の記者会見や国会答弁を見ていてもそうなんです。ちゃんと理解をしてやり取りしてるなぁ、と。ただ、「転換ではないんだな」とも感じています。安倍・菅政権を否定して新しい政権が始まるというよりも、中身はそのまま継続している、と感じています。

――そもそも言葉のやり取りが成立しない、っていうこと自体がダメですからね（苦笑）。全然ダメな政治から普通に戻ったように見える。しかし今指摘されているのは、普通に戻ったように見せかけて、実は同じダメ政治だということですか？

上西　やりとりが成立するという意味では普通に戻りましたが、結局、中身は一方通行なんです。野党の指摘に聞く耳を持たないとか、世論が求めるものに耳を貸さないとか。この部分は変わっていません。

――聞くのが得意だ、と言ってるんですけど（笑）

上西　その「聞く力」っていうのが、結局は「自民党の中の人たちのいうことを聞く」ということなんでしょう。

――アベのいうことを聞く、ですね。

「ご飯論法」で争点をごまかしてきた

上西　総裁選挙に勝たないと首相になれない。その意味で自民党内部の意向に逆らうことはできないんでしょう。

――あらためて「ご飯論法」についてお聞きします。これは一体どんなものですか?

上西　もともと注意喚起したかったのは、安倍政権時の加藤勝信厚生労働大臣の答弁なんです。彼はつい先日まで官房長官でしたが。働き方改革の国会審議を見ていて、とにかく論点をずらす、そしてそれが巧妙なんです。誠実そうに見せながら極めて不誠実な答弁を繰り返していたんです。

――上手に。

上西　パッと見ただけでは話をずらした、とか不誠実だって気が付かない答弁なんです。論点が分かっている人が見ないと気付くことが難しい。なので、みなさんにこんなに不誠実な答弁が繰り返されているんだと気付いてほしくて、朝ごはんをめぐるやり取りにたとえて、ツイッターで発信したんです。「朝ごはんは食べなかったんですか?」と聞くと「ご飯は食べておりません」と。誠実なやり取りであれば「あー、食べてないんだな」と考えますよね。

――でもパンは食べている。

上西 誠実に答えるなら、「パンを食べました」と答えますよね。でも、パンを食べた事実は隠す。パンのことは一言も言わない。確かに白米は食べていないんでしょうが(笑)、「食べてない」という回答は、要するに「虚偽答弁にならない形で相手をダマす」ことになります。こういう論点ずらしの答弁が加藤さんは得意でしたが、安倍首相が読み上げる答弁書にもこの論点ずらしは多用されていました。私が働き方改革の国会審議に照らし合わせて記事で指摘したところ、「この『ご飯論法』を初めて森友問題で聞いたとき足元が崩壊する感覚に襲われた」とブロガーの紙屋高雪さんが引用リツイートされたのです。名前が付いていた方が認知されやすいので、「ご飯論法」という言葉を積極的に広めました。そんなわけで、2018年の新語・流行語大賞は紙屋さんとの共同受賞です。

――スガは「答えません」と言ってたけど、加藤の方が巧妙。

上西 菅さんは「ご指摘には当たりません」とはねつけるような、答弁拒否のような言い方をしていましたね。

――「東京新聞」の望月衣塑子さんには「あなたの質問には答えません」(笑)って言ってましたよ。

上西 そうそう。「菅さんは答えない人なんだ」って分かりますが、加藤さんは巧妙。

――ずる賢いというべきかな。

上西　そう、だから同じようなやり取りが続いて、見ている人は「これはいったいなんの話だったかな？」となっていくんです（笑）

――野党の質問時間を削いでしまう。

上西　「パンを食べた」と言いたくないがために、論点をずらして答弁している。だから「パンを食べたという事実」に私たちが目を向けることが必要なんです。単に誠実に答えていないというだけじゃなく、彼が隠そうとしているパンって何だろう、と。それこそが不都合な事実で、不都合だから一生懸命、隠そうとしているわけです。でも、言われていないことには、私たちはなかなか気づけない。

――そうです。言葉にならなければ、分からないまま。

上西　だから「論点をずらしてパンを隠しているんだよ」と指摘することで、人の目が「隠されたパン」に向く。この効果があったのかなぁと思います。

何も変わらないので「新しい内閣」

――岸田内閣になって数日間だけ国会を開きました。例えば森友問題。最初は再調査をにおわせていましたが、調査をしない。所得倍増と言ってたけれどすぐに言わなくなった。このわずか数日間の国会答弁を見て、どう感じてます？

上西　岸田さんは語り口の特徴が違うなぁと。よく新しい内閣にいろんな名前をつけるじゃないですか。ちょっと考えてみたんです。

――どんな名前になりますか？

上西　「新しい内閣」（笑）

――えっ、そのまま（笑）。自民党の体質が残っている「古い内閣」だと思いますが。

上西　なんだそりゃ、って思うでしょ。でも岸田さんが打ち出しているのは「新しい資本主義」なんです。

――はい、それを言ってますね。

上西　「新しい資本主義」って聞くと、なんか岸田さんはこれまでと違うのかな、と思っちゃうじゃないですか。

――はい。でもアベ、麻生の影がちらついています。

上西　実はこれまでとほとんど変わらないと思うんです、「新しい」という言葉がついているだけで。だけど私たちは、ついつい聞きたい言葉をそこに読み取ってしまうんです。「新しい資本主義」って言うと、「あっ、そうか。これまでの安倍・菅政権とは違うんだ。新自由主義の社会から転換してくれるんだ」という期待を持って聞いてしまうんです。

――でも最初は「分配なくして成長なし」と言っておきながら、今は「まずは成長」と言い換えている。金融所得課税の強化も今は全然言わなくなった。アベノミクスと大して変わっていないのでは？

上西　そう、変わっていないのです。

――つまり、表紙を変えたけれどアベカラーに染まっていて中身は変わっていないということですよね。

上西　分配という言葉を岸田さんがずいぶん言ってるので「これまでと違う政権だ」という印象を与

えましたが、よくよく聞いてみると「成長なくして分配なし。しかし、分配なくして次の成長はなし」と言っている。つまりそれは、「成長と分配の好循環」ということで、アベノミクスと同じ。というか、「成長なくして分配なし」という言い方は、「無い袖は振れない」と言っているようなもので、安倍さんより冷たいかもしれない。

――さらに成長してもその果実は富裕層に入る。上位の人ばかりが儲かって、下々の私たちには、したたり落ちてこないんですからね。

上西　そうです。成長自体がほとんどなかったし実質賃金が下がって、不安定雇用の方々が増えた。株の取引をしている人が儲かっていたという状況。これをどうするのかが問われているのに「いや、成長しないと分配できません」というのが岸田さんの見解。金融所得課税も引っ込めてしまった。

――「まずは分配の仕方を変えないといけない」ということですね？

上西　立憲民主党の枝野さんは「まず分配」。それが次の成長につながるという政策で「政府としてきちんと再分配をする」と。低所得者への給付金の支給や時限的な減税をおこなって、まずは生活の安定をはかる。医療・介護・保育職への待遇改善を行う。生活が安定するからこそ消費が伸びて景気浮揚につながる。高額所得者には、きちんと税金という形で応分の負担をしてもらう。なので自民党と立憲民主党では考え方が全然違うんですよ、同じように聞こえても。

――真逆ですよね。「まずは苦しんでいる人に分配して底上げしないと成長しない」のが枝野さんの主張で、岸田さんは「いやいや、企業が成長しないと分配できないんだ」。つまり岸田説では今までと一緒。

上西　「企業が成長しないと」という考え方で、労働法制の規制緩和が進められて、人件費の削減が図られてきました。これではますます働く人が苦しくなるんです。

——「結局儲かったのは竹中平蔵」という図式。

上西　岸田政権ではこの路線の継承になるでしょう。総裁選挙では良さげなことを言ってましたが、すぐにアベノミクスに戻ってしまった。

——総裁選で言うと、広島出身で平和主義者のフリをしながら、今や「敵基地攻撃能力を持つ」なんて言ってますよ。

上西　岸田さん自身はどう考えてるのかよく分かりませんが、高市早苗さんを政調会長にしたでしょ。

——そう、高市カラーが強いです。

上西　安倍さんの勢力に押し上げられて自分が総理になれた。この背景をずっと背負わなきゃいけない。

——議員票を獲得しなければ総裁になれなかった。アベ・チルドレンの票を回してもらったので、大きな借りを感じている、ということですね。

上西　首相になったら自分のカラーに転換できる、というわけにはいかないのでしょうね。

——スガという暗い表紙から無色透明な表紙に変わっただけ。

上西　中身は変わらずに包装紙だけがキレイになった（笑）感じ。

――その包装紙もあんまりキレイではないことがバレてきた。

上西　包装紙が剥がれてきましたね。

「さら問い」ができない代表質問

――そんな中でわずか3日間でしたが代表質問がありました。この特徴は？

上西　予算委員会での1問1答形式のやりとりがなかったのが残念でしたが、私は辻元清美さんの代表質問に引き込まれました。

――辻元さんは森友や桜を見る会では、かなり疑惑に肉薄していた印象があります。

上西　今回も、森友学園問題で赤木雅子さんのお手紙を読み上げたり、横に座っている岸田さんに対して「予算委員会、やりましょ？　いかがですか？」と呼びかけたり。甘利幹事長の100万円現金授受問題では、調査報告書を見ないまま、岸田首相がよしとしていることを追及していました。秀逸だったのは、自分の経験をもとに話されたことです。

――確か、辻元さんは秘書給与の問題で議員辞職された経験がありましたね。

上西　その後、参考人招致で国会に出席していたんですね、自民党の求めに応じて。「あの時は、宏池会で岸田総理も指導を仰いでいた加藤紘一幹事長に『刑事責任のあるなしとは別に、政治家は政治責任も果たさなければならない』と諭されたので承知に応じた」と自らの経験を示した上で、甘利幹事長や河井案里さんの事件をこのまま放置していいのかと問いかけたんです。「政治の矜持」を示せ、と。あれは、この間の問題がよくわかる代表質問でした。

——甘利は虎屋のようかんの下に50万円が入ってたわけでしょ(笑)。あれ、週刊文春が大臣室でのやり取りの録音を持ってるみたいです。自民党の重要ポストに「ようかん甘利」と「ドリル優子」、そして「パンツ高木」がいる(笑)。こんなひどい政権はない。

上西 総選挙後にちゃんと国会が始まったら、森友問題や甘利幹事長の件は、追及されるべき問題であり続けますよ。

——特に森友。公文書が改竄されてます。内閣がウソをついたという話ですからね。

上西 そう。本来なら政権が変わったんだから「ここできちんと清算します」と岸田さんは言うべきだった。その姿勢を見せてくれたら、岸田さんもがんばったな、となるのですが。

——総裁選の初っぱなに、「森友再調査」をにおわせたけれど、アベに会いに行ったら途端にシュンとしてしまった。全く変質してしまいましたね。

上西 結局は総裁選そのものが自民党のイメージアップ戦略だった。

——電波ジャックしてね。

上西 実際に支持率が上がりました。今後はどう変化していくのか。

——今回の解散総選挙。1週間早めたのは、ボロが出ないため、でしょう?

上西 そうでしょう。マスコミも、例えばテレビで党首討論を時間をかけてやるべきですよ。

——先ほど指摘されたように、予算委員会を開催していれば1問1答なので、与野党の違いが分かりやすかった。代表質問はQ&Aではないですからね。

上西 そう。一方的にまとめて質問して、それに対して一方的にまとめて答弁する形式だから「それ、答えになってませんよね」という「さら問い」ができないんです。

――さら問い、つまり「更に問うこと」ができないと、国民には響かない。電波ジャックもそうですが、やり方がセコイですね。

上西　国民に知らせないで逃げ切ろう、ということです。

――その上に大手メディアが劣化していて、追及の手がぬるい。

上西　SNS上でのメディア操作の疑惑も出てきてますね。

――この対談がオンエアされるのが投開票日の1週間前。やはり投票率が上がってほしい。

上西　上がってほしいですね。

「野党もだらしない」という「呪いの言葉」

――よくテレビなどで「（与党もダメだが）野党もだらしない」と言われてますが、4野党が共闘して消費税の減税を打ち出したり、原発ゼロを訴えたり、結構がんばっていますよね。

上西　コメンテーターが「野党もだらしない」と言った時に、他の出演者が「だらしないってどういうことですか？」と聞いてほしいです。

――そんな聞き返しもなく、そのまま流してしまっています。

上西　例えば野党がなかなかまとまれなかった。分裂を繰り返した。だから「だらしがない」と言うのなら分かるんですよ。4年前の衆議院選挙で「なんで希望の党騒動なんてことになったんだ」とかね。

――そうそう、あの時は「緑のたぬき」にダマされた（笑）

上西　そんな過去はあるんだけれど、なんとかまとまって大きな勢力を形成するところまできた。じゃあ国会論戦でだらしないのかというと、よく「野党は反対ばかり」とか言われますけど、野党はちゃんと提案している。その提案に対し、安倍・菅政権は聞く耳を持たなかっただけ。また、反対すべきものに反対するのは当然のことです。「反対ばかり」という言葉と「だらしがない」という言葉が雰囲気でなんとなくつながって、野党の印象を悪くさせている。

――「呪いの言葉」と呼んでますね。

上西　「いつまでモリカケばかりやってるんだ」もネットに並んでいました。こんな言葉だけが広がると、少しずつ野党の印象が悪化していきます。

――よくアベが野党の質問に対して「それは印象操作だ」とキレてましたが、自分たちこそ印象操作しているわけですね。

上西　そうです。そんな言葉に接した人が、その言葉によってものの見方や考え方を縛られてしまう。これを「呪いの言葉」と呼んでいます。「野党は反対ばかり」と言われて「いやいや、賛成もしていますよ」と返したとします。このやりとり自体が「呪いの言葉」に縛られた状態なんです。「野党は反対ばかり」と言われた時に「いや、この法案に反対しないでいいんですか？」と問い返さないといけない。これでようやく「反対ばかり」という言い方のおかしさに気がつく。

――共謀罪なんて危ない法案には反対するしかないわけで。

上西　国会で野党が審議拒否をしていて、与党から「18連休」などと批判されたときがありました。

「18連休」という「呪いの言葉」で、さも野党がサボっているかのようなイメージがつきました。当時、加計学園問題で逃げ続けた安倍政権への批判が、これで逆に野党批判に振れてしまった。あの時「何で審議をしないのか」について、あなたは知っていますか？と国民に問わないと本質が分からなくなる。今は逆に野党の求めがあるにも関わらず臨時国会を開いていません。あなたはこれについてどう思いますか、とかね。政府与党側に都合の悪い情報は全部隠しておいて、あたかも野党が必要以上に騒いでる、みたいなイメージが意図的にふりまかれている。そういう印象操作が繰り返されている、ということに気がつくべき。これが第一歩かなと思っています。

――「モリカケばかり、いつまでやってるんだ」に関しては、政府が公文書を改ざんしたんです。これの真相究明は民主主義を守るための基本中の基本。「いつまでも証拠を出さない与党側」が悪いわけですからね。

上西　長引かせているのは誰のせいなんだって話なんですよ。桜を見る会の前夜祭問題だって、明細書を出してもらえばすぐ解決します。

――1時間も2時間も同じやり取りをしていましたが、明細書が出てくれば1分でわかること。

上西　なのに「いつまで桜ばかり」「コロナも大事なのに」と言われる。

呪いの言葉の解きかた
上西充子
あ、そっか！
政権の欺瞞から日常のハラスメント問題まで、隠された「呪いの言葉」を徹底的に解く！
「文句を言うな」
「君だって一員なんだから」
「嫌なら辞めちゃえば？」
「母親なんだからしっかり」…
晶文社
上西充子『呪いの言葉の解きかた』（2019年、晶文社）

――言ってた、言ってた(笑)

上西　正すべきは政権側でしょ。この問題をスルーしていいんですか。なかったことにするんですか。などと問いかければ、さすがに「そんなの、どうでもいいじゃん」とは言えないはずなんです。だから論点をずらす。「ご飯論法」で切り抜けようとするのと、似ていますね。

「国会パブリックビューイング」とは

――これがアベスガ政治9年間で続いていた。この実態を明らかにしようとして「国会パブリックビューイング」をされましたね。これはいつから?

上西　2018年、「働き方改革」についての審議では、野党がすごく大事な指摘をしていたんです。裁量労働制を拡大すれば過労死が増えますよ、高度プロフェッショナル制度を導入したら残業代もなく際限なく働かされる恐れがありますよ、とか。大事な問題を指摘しているのに、これを一切受け止めないで、「労働時間の上限規制を入れるんです」と、抱き合わせ一括法案の中の都合のよい部分ばかりを答えていた。これは対象者が全く違う話なのに、「こんな画期的なことをやろうとしてるんです」みたいに、話をズラして答えていたんです。

――国会でのやり取りをちゃんと見ていればわかることですが、忙しいのか、みなさんあまり国会は見ない。

上西　「ここに注目を」と解説すれば、答弁がいかに不誠実であるかが分かるのです。でも、テレビはやらない。「働き方改革」や「多様で柔軟な働き方」といった言葉だけでは、あたかも労働者のための改革をやってくれている風に聞こえてしまう。

――ネーミングそのものがズルい。

上西　なので、国会を見てくれたら問題意識が芽生えるだろう、と。でもなかなかNHKは国会中継をやらない。ネット上で私は記事を書いたり、ツイッターで呟いたりしてきたんですが、それだけでは届かない。例えばこの問題を詳しく報じることを避けていた「日経新聞」や「読売新聞」を読んでいるサラリーマンの方、そんな方々に知ってほしいなぁと。ネット空間から出て行って、実際に国会の実情を見てもらおうと思ったので18年6月に、新橋のSL広場で。

――東京・新橋で？

上西　はい。最初はSL広場で、スクリーンを出して、国会審議を編集せずに、注目場面を切り出して映してもらい、解説したんです。テレビで流せばみんな「えっ？」って驚くようなやりとりが展開されているんです。この映像をたくさんの方がちゃんと見てくれました。

――通行人が。

上西　そう、たまたま通りがかった人たちが。「国会なんて茶番だ」「見る価値がない」ではなく、「茶番だ」と言う言葉、その言い方そのものが、市民を国会から遠ざける「呪いの言葉」なんですよ。国民の多くが国会をウオッチすれば、はぐらかし答弁は続けられない。「いつまでこんな不誠実な答弁をしているんですか？」という世論になる。

――テレビのニュースでは、真ん中が切り飛ばされて、最後にアベの答弁を出して、なんとなく「アベがちゃんと答えているかのように」報道してましたから。

上西　実際の国会では、安倍首相はほとんど答弁書の棒読みでした。

――その上に逃げまくる。その実態がよく分かる「国会パブリックビューイング」になったと思いますが、バッシングなどはなかったですか？

上西　実はあんまりなかったんです。おそらくネット空間とリアルとの違いですね。ネットだと誹謗中傷が集中したりしますが、新橋や新宿西口などリアル空間でやってると、そんなのは、ほとんどありません。

――現実の方が、ずいぶんまともだった。

上西　ネットは匿名ですが、街頭でクレームつけようとすればその人の姿がさらされてしまう。

――ネットは確かDappiやったかな、自民党系の企業がお金かけて、仕事として投稿していましたからね。

上西　でも少しは攻撃的な反応もありました。枝野さんの本を路上に立てかけていたらそれを蹴って逃げる人がいたりとか。しかし蹴る人もパッと蹴ってササっと逃げる（笑）。表立って堂々とはできないんだなぁと感じました。

――むしろ、国会がいかにひどい状況かよくわかった。映像を見せてくれてありがとう、という反応が多かったのでは？

上西　はい。たくさん集まって、80分とか長いものでもじっと見てくれる。統計不正問題で立憲民主党の小川淳也議員が質問する場面を紹介した際には、その場で拍手がわいたんです。

――それはすごい。

上西　ビックリしました。拍手がわいたので、聴衆のみなさんに「小川淳也さんにぜひ、良かったとフィードバックしてください」と頼みました。するとツイッターでどんどん小川さんにメッセージが入ったそうです。野党の人たちも、質問してもはぐらかされる、まともに答えないという徒労感があったかと思うのですが、「私たちはちゃんと見てるよ」というメッセージに励まされたと思います。国会パブリックビューイングが野党と市民、双方向で励ましあえるような運動になったかな、と感じています。

何か言ってるようで、実は何も言っていない

――国会質疑の話が出たところで、岸田新首相の答弁、どんな特徴がありますか？

上西　何か言ってるようで、実は何も言っていない（笑）

――中身がない。

上西　「ご指摘の課題については大変重要なものと認識しており、政府で慎重に検討した上でしっかりと方針を出して、全力で取り組んで行く所存でございます」みたいな（笑）。何も言ってないに等しい。

――典型的な「永田町言葉」。

上西　何となく「大事だと認識してくれてるんだなぁ」と思わせるだけ。

――官僚が得意そうな答弁ですね。

上西　具体的な中身に詳しくない人が聞くと、「この人は誠実なのかな」と思ってしまいますよね。

総選挙公示直前の記者会見でフリーの記者が「子どもの不登校や自殺、児童虐待の問題をどう考えるか」と質問した時、首相は「胸がふさがれる思いがする」と言ってから「相談できる体制が大切だ」と答えているんです。そうであるならば、例えば「いのちの電話」。ボランティアの方が非常に苦労されて、人員が足りずに電話がつながりにくい。ではここに予算をつけて人員を拡充するとかね。児童相談所も人が足らなくて、家庭支援が十分にできていません。ここの専門性や人員の増強を図らないといけない。しかし具体的なことは一切言わない。「相談できる体制が大切」とだけ言うのは、何もわかっていない、または具体的に何かをする気がないということ。「成長と分配」の話でいうと、記者会見でNHKの質問への答えとして「市場原理や競争、優勝劣敗、そういったものを中心に成長を考えてきた。しかし世界の趨勢を見たときに単に市場や競争に任せるだけではなく、政府、政治が役割分担をしっかりと担って、官と民が協力して時代を担っていく。これが時代の趨勢だ」と言ってて。

――それ自体はいい言葉じゃないですか？

上西　そうなんですが、今まで「単に市場や競争に任せてきたか」と言うと、そうではない。安倍・菅政権だって何もしてなかったわけではないし、安倍政権のときには「官製賃上げ」を試みたりして、介入はしてるのです。あたかもこれまで何もしてこなかったかのように、単に市場に任せるのではなく政府がしっかり役割を果たす、と言うと、「やってる感」がするんだけど、これは「過去の改ざん」なんです。これまでの安倍・菅政権は、「何もしてくれていなかったんだ」とダマされちゃう。きちんと文字起こしされたものを読むと「この人はこういう風に誤魔化すんだな」と気付きます。

——アベスガ政権でもちょっとは対策をしていたけれど、それをゼロに見せることで、「俺はこんなに改善をするんだ」と。

上西　野党側の主張に寄せているように見せかけながら、実際は安倍・菅政権とあまり変わらない。なのに、変わったと見せかけるために過去を変えて「これまでとは違うんです」と装うわけです。

1票を積み上げないと変わらない

——今、こうして対談をしたから、岸田のやり方について学べたわけですが、選挙期間がすごく短いんです。詳しい分析もないまま何となくのイメージで投票に突入してしまう。ズバリ、今回の総選挙の争点は？

上西　これまで賃金が全然上がらない、実質ではむしろ下がっていました。一人ひとりの生活が苦しくなっています。

——非正規労働が増えましたからね。

上西　貧困問題に真面目に取り組むのか？　安心して暮らせる社会を作ることに正面から取り組むのか？　これに尽きると思います。菅首相は「まず自助」って言ったでしょ。

——そう、自助・共助・公助。まずは自分でやれ、と。

上西　でもその自己責任論で、這い上がれない人たち、健康で文化的な生活が送れない人たちがどんどん増えてしまった。この現状をどうするのか。きちんと手当てをすると考えているのか、「いやいや、成長なくして分配なし」と従来通りなのか。

——特にコロナでものすごく貧困化が進んだ。失業者に休職者。今回こそ賃上げ、労働条件の改善、非正規の正規化などが一番大事になりますね。

上西　労働政策に関して立憲民主党は結構いい政策を打ち出しています。直接雇用で期間の制限がなくフルタイムが基本。当たり前の社会をもう一度取り戻すんだ、と。あとクッキリ違いの分かるのが選択的夫婦別姓。これには、岸田さんは後ろ向きの姿勢を表明しています。でもこれは女性の人権問題です。にもかかわらず、自民党政権は「家制度」のようなものを温存したがっているんでしょう。

——96％が男性の姓を名乗る現状ですからね。どうも「高市カラー」が濃くなっているようで、宏池会じゃないような感じです。

上西　どこまで本気で宏池会的なものをやろうとしているのか、わかりませんね。

——広島県の出身ですしね、東京で過ごしていますが。

上西　選挙区が広島県なだけじゃないんですか。

——投票率が上がらないことには政権交代しません、組織で固めた自民・公明の基礎票があるので。どうしたらいいのでしょう？

上西　難しいです。「1票では変わらない」などと言われるでしょ、これも「呪いの言葉」でね、1票を積み上げていかないと変わらない。

——それぞれが選挙に行くから結果が出るわけですからね。

上西　1票が生きるように、野党は何とか選挙協力までこぎつけました。私たちはここにちゃんと応えたいなと思うんです。やはり「力関係で物事って変わるんだ」という事実を知る必要があります。仮に政権が変わらなくても与野党が伯仲すれば、野党や市民を無視することができなくなります。例えば検察庁法改正案の時に世論の力で止めさせることができた。

――ツイッターデモが起きました。

上西　私たちがきちんと投票して、もう少し政治に緊張関係を持たせる。そしてよりまともな政権運営ができるようにしていく。その責任が私たち一人ひとりにあるんだ、という風に考えたいです。

政治で変わることを丁寧に訴えて

――投票率でいえば若者世代が低い。若者たちの思いが反映されにくいと言われています。法政大学で教えられてますが、実際に学生たちの選挙に関する反応は？　学生もコロナでかなり貧しくなってるでしょ？

上西　やはり「野党は反対ばかり」などの言葉ばかりが伝わっているな、と感じます。あとは「どうせ変わらないんだ」という諦めかな。

――両方とも「呪いの言葉」ですね。

上西　自分自身の学生時代を振り返ると、やはり政治って遠い存在だった。多くの人は子どもを持ったり、働き始めてから初めて政治のことを身近に考えるじゃないですか。若い人たちが関心を持つ問題、例えば奨学金だとか、気候変動の問題とか、選択的夫婦別姓とか何か一つ関心を持ってくれれば、投票率も高まるのかなと思います。

――1年間の大学授業料が100万円を超えているんでしょ。奨学金を借りて卒業したら、その時点で何百万円もの負債を抱える。これ、おかしいと思わないのかな？

上西　そうです。奨学金を借りないと進学できない人が増えていて、それも無利子ではなく有利子のものが増えています。「せめて無利子の奨学金にしましょう」「生活が厳しければ返済を猶予する制度を設けましょう」なんてことは政治によって変えられるわけです。直接自分の生活に響くんだというように見える形にすれば、学生も変わるでしょう。この辺りを丁寧に訴えていくべきなんだろうなと思います。

――アメリカでバーニー・サンダース現象が起きました。大学の授業料を無料にするとサンダースが言って、若者に支持が集まった。こんな動きが日本でもあってしかるべきですよね。

上西　最低賃金でもそうです。政治によって変わっていく。1000円なのか、1500円なのかで同じ労働でも実入りが全然違うわけで。

――世界は1500円が主流です。

上西　どのくらい政治が本気なのか、で変わります。

――ずっと労働問題に関わってこられたのですが、アベスガ政治9年間の長いトンネルを抜けるには、どうしていけば？

上西　労働法制でいうと規制緩和の方向だった。どんどん民間委託をして公務員を減らしてきた。これからは公務員を増やして、非正規ではなく正規でちゃんと処遇する。これだけでも良質な雇用が増えていきます。保育士や看護師の賃金は国の政策によって上げていくことができます。

――そうなれば「賃金相場」が上がるので民間の保育士や看護師も上がっていきますね。

上西　そのほかに失業保険の受給対象者を拡大する、住宅政策に力を入れて低家賃の公共住宅を増やすとか。そうすればみんなに余裕ができて、さらに政治にも関心が高まっていくと思うんです。

――住宅なんて、「住まいは権利」ですから本来は国がもっと拡充させないとダメですよね。公団や公社でもいいのですが、公共住宅を整備しないといけないのに、どんどんマンション業者に土地を売り払っていくような政治でした。

上西　公的住宅が充実していないと、不安定雇用の人は住まいを見つけにくいんです。

――コロナの中で大量に「ネットカフェ難民」が出てしまいました。ホームレスも。

上西　住まいがないと仕事を探せませんから。

――住民票がないと求職活動ができない場合が多いですからね。

上西　政権がここに目を向けているのかどうか。岸田政権を見ていると「成長なくして…」がどんどん空虚なものになるんです。菅首相の「まず自助です」と同じ。

――具体性がなく、言葉だけで誤魔化そうとしている。

上西　それがどんどん見え始めています。きちんと選挙で判断しましょう。

政治家を選手交代できる大事な機会

――このような対談、政治的な話をもう少し気軽に、タブーなく話せる場がほしいですね。大学や職場、路上などで。

上西　政治の話は言いにくいという風潮がありますが、「そんなこと言ってる場合?」と問いかけたいんです、本当はね。

――国会の話題など、普段の会話ではやりませんね。

上西　今の政治や報道の状況が深刻なことになっているよ、と思っている人ほど、これを言えば引かれてしまう、という躊躇もあって、問題意識を共有する難しさを感じています。

――でも一人ひとりがこれを会話に入れていかないと投票率は上がりませんね。

上西　だから奨学金とか気候変動でも選択的夫婦別姓でも、何か一つでも「これは政治の問題であり、自分が関わることによって変わっていく問題なんだ」と考えるきっかけがあれば、そこから広がっていくのではないかと思います。

――最後に一言。

上西　選挙は、私たちが政治家を選手交代させることができる大事な機会です。報道は問題を伝えるけれど、選手交代をさせることはできない。できるのは私たち。私たちが主権者。私たちが望む政治を進めてくれる人を選び、そうでない人には退出してもらう。それができるのは私たちしかない。これが重要です。

――選挙は大きなチャンス。これを無駄にしないように、ということですね。今日はどうもありがとうございました。

上西　ありがとうございました。

この対談は21年10月15日に行いました。

「パンケーキを毒見する」監督が語る

内山　雄人（映画監督）

何がこの人の権力を支えて来たんだろう

――映画「パンケーキを毒見する」を大阪難波の映画館で観たのが21年9月1日。平日のお昼だったし、政治的なテーマなので「閑古鳥が鳴いているのかな」と思っていたのですが、予想に反して満席（笑）。まだ観ていない人も多いと思うので映画の見どころと、なぜ制作したのかを、まずお聞かせください。

内山雄人　この映画は「スガ総理の本性を暴く」をテーマに制作されたもので、いろんな方々の証言を集めました。こだわったのが「第一証言」。つまり本人と会ってる方、会った経験のある方を取材対象にしました。彼らはスガ総理をどういう風に見ているのか。特に「スガさんに人生を変えられた方」ですね、例えば前川喜平さんや古賀茂明さん。逆に政治評論家にありがちな「上から見ている」かのような物言いをする人には、ご遠慮いただきました。年齢もスガさんより若い人に出てほしい、と。一番こだわったのが、政治ドキュメンタリーっていうだけで、「難しいな」と敬遠されるので、「政治で笑えないか」ということ。なんとか笑いの要素、バラエティー的なものにして「易しい、面白そうな」イメージにしたかったのです。

――いやー、面白かった。その上で考えさせられて、最後に腹が立ってきて（笑）

内山　とにかく飽きさせない工夫をしました。バラエティーとして、インタビューが続いてしまわずいろんな演出、趣向を変えたりアニメを入れたり。すると後半からジワジワ怖くなって、最後は怖ろしいと感じる。気分がドンドン変わることで飽きない仕組みになっています。例えば前半の国会答弁なんかも、実は笑えるんですよ、と。

――そう、観ていてスガは国会の質問に全然答えない。不誠実なヤツやなーって。

内山　しかしテレビでニュースになると、その不誠実な部分が割愛されて別物のようになっている。やりとりを全部見てみると、とにかく間抜けな答弁で笑えるし、「国会がこんなひどいことになっている」と分かるんですが。

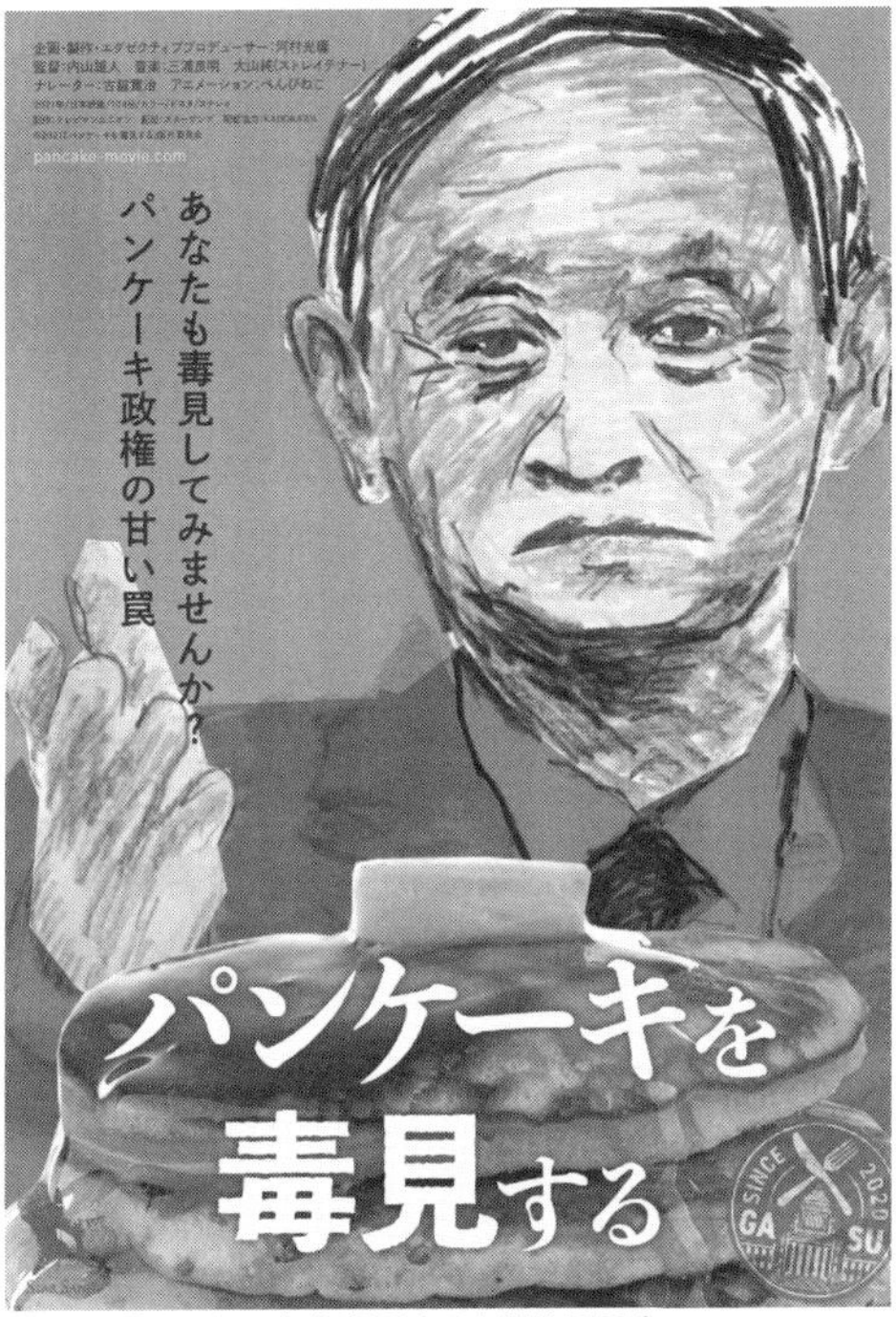
あなたも毒見してみませんか?
パンケーキ政権の甘い罠
pancake-movie.com
パンケーキを毒見する
SINCE 2020
GA SU
©2021『パンケーキを毒見する』製作委員会

――一つの質問に、20分も30分もかけて逃げ回ってましたからね。

内山　そう、野党が可哀相なくらい（笑）。途中から手を替え品を替えて質問しても全部同じ答が返ってくる。ひどい時には秘書に現場で書かせて、意味も分からず読みあげる。これを映画にすると笑えるんですよ。笑いながら国会質疑を見ているうちに「何がこの人の権力を支えて来たんだろう」と考えるようになる。これがこの映画の全体像になってきます。

――チャップリンもそうですが、「権力者を笑う」ことが本当の風刺であり、こういうのが庶民の笑いやなーと思います。でもね、主役のスガーリンが逃げてしまいました（笑）。どうします？

内山　突然でしたからね。直前まで総裁選に出るかのような振る舞い。再選に向けていろんな手を打とうとしていたところで、突然の辞任。

――もっと頑張ってほしかった（笑）

内山　主演降板で僕らの周りも「もうパンケーキ、賞味期限切れじゃないか」（笑）

――私も心配です、映画を観る人が急減するのでは？

内山　ネットでも話題になってました。個人的には、主演としての「すばらしい散り際」を見たかった。総裁選で、どーんと低い数字が出て。

――野田聖子にも負けて、最下位とかね。

内山　何とか総理に踏みとどまったものの、その後の総選挙で「現職の総理大臣が落選！」とかね。

――前代未聞！　総理が小選挙区で落ちる！

内山　そう。こんな壮絶な散り際って今まであった？とワクワクしてたんですよ。

――これ、可能性あったよね。異常なほどの低支持率で、「スガの顔、見るのもイヤ」って人が急増してたし。

内山　それなのに、何ともカッコ悪い途中退陣。主演としては最後の最後までみっともない人でした。「途中で逃げ出すのか、お前」と叱りつけたいくらい。

――それも辞めた理由が「コロナ対策に専念したい」でしょ。「それやったら、オリンピックやるな！」とテレビに向かって叫びましたよ（笑）

内山　これまで散々コロナ対策の後手後手で失敗を重ねて、その悪評で人気が落ちてるのに、まだ「コロナに専念したい」。どの口が！　恥ずかしくて普通は言えないだろ、と。

――「ホントはアベに切られたからやろ」って、みんな思ってますよ。

内山　自民党はコロナという国家の危機に途中で逃げ出す総理大臣を2回続けているんですよ。アベさんも「お腹が痛い」だったし。

――辞め方まで「アベ政治を継承」（笑）したんやね。

内山　どこか具合が悪い、と言わないだけスガさんは良かったのかな（苦笑）

――アベの場合は仮病に近かったからね。

内山　あれ、仮病じゃないんですか？

――診断書は出てません。

内山　出てないでしょ。スガさんに関して言えば「何で急に辞めたんだ、この人？」と、その理由が知りたい人、そして、「結局スガさんてどんな人だったの？」と疑問を抱く人が逆に増えたようで、結果として降板した週末に「バンケーキ」の観客がドーンと一気に増えたんです。

――増えた。おめでとうございます（笑）

内山　ランキングもまたトップ10に入り直した程ですから。

――私の場合、拙著『ポンコツ総理　スガーリンの正体』が、結構売れていたのです。あまりにもスガ

がダメやから（笑）。でも辞めた途端、売れ行きがガクンと（泣）

内山　しばらくするとまたジワジワ読者が増えますよ。

――そうかなー。

映画に出れば何を言われるかわからない

内山　映画ではスガさん個人だけではなく、自民党の権力構造がどうなっているのか、も描いています。同時にマスコミがなぜここまでダメになったのか、この種の毒もかなり撒き散らしてあります。だからいま行われている総裁選挙の裏側の構図も分かってくる。結果は「どうせまた、アベさんの傀儡が選ばれるんだ」ということも分かるので、お客さんはまだ途切れていません。逆に「賞味期限は切れていません。今が旬ですよ」と宣伝していますし、今こそ観ていただきたいなと思っています。

――東京、大阪で先行上映でしたね。今後は地方でも？

内山　かなりの地域に広がりました。各県で少なくても一つは上映している感じです。「上映会を開きたい」という要望があれば、対処できると思います。

――ぜひ地方でも上映会を。私が観に行った時、見終わった観客が「ホンマ、腹立つわー」と言って帰っていきましたよ（笑）

内山　大阪のノリですね（笑）。実はこの「路上のラジオ」も映画に出てくるんです。

――そう。前川喜平さんをゲストに迎えた時に撮影されました。

内山　その時ご挨拶も交わしているのに、いつになっても西谷さんが、僕を呼んでくれない（笑）。いつ呼んでくれるのかなー、いつかなー（笑）

――いや、今は監督が忙しいやろなー、と遠慮してたんですよ。

内山　西谷さん、まだ観てないんじゃないかなー（笑）と心配してたんです。

――事前に観といてよかった（笑）。あの映画の中で最初に出てくるのが「ガネーシャの会」。スガを支える国会議員の会ですね、若手議員が多いと思うのですが、この人たち、みんな取材拒否だった？

内山　はい。「スガさんの正体を暴く」と言っても、最初から非難するつもりじゃなくて、「スガさんの良いところを聞かせてほしい」。そうしないと実態が見えてこないじゃないですか。

――映画の公平性もあるしね。

内山　良いところ、例えば「ウチのオヤジはね、実は人たらしで。俺たちはオヤジの、人となりに惚れ込んでるんだよ」なんてことを聞きたい。この趣旨で企画書を書き換えて、取材依頼を送って…。

――お茶目なところもあるんだよ、とかね。

内山　題名が「パンケーキを毒見する」では敬遠されるかもしれないので、「パンケーキを味見する」として（笑）

――味見する（笑）

内山　スガさんのいいところにも光を当て功罪を問いますよ〜、と。ぜひ、インタビューに応じてもらえないか、と企画書を送ったのですが。

――反応なし？

内山　なし。誰からも反応がなので、「ガネーシャの会」に所属する3、4人の事務所へ。出て来た秘書もあまりにも反応がない。仕方がないので「音だけでも撮ろうか」と。

――電話の会話が流れてました。あれは秘書から監督に、断りの電話がかかってきたの？

内山　いえいえ。秘書からの電話も全くなし。こっちから無理やり電話をかけて。

――じゃぁ電話しなければ、この企画はなかったことにされていた？

内山　そう、ずっとシカトされてましたから。彼らは元々テレビで「自分がスガさんにどれだけ世話になったか」を表明していたんです。だから当然しゃべるだろうと思っていたのですが、あまりにも拒否されるので、菅さんの横浜市会時代、かつて秘書やってた方が今は市会・県会議員になっているので、こちらにも行ってみたのですが、みんな拒否。ホテルもケーキ屋さんもダメだった。あまりにも断られすぎたので、だったらこれをネタにしてやろうと。だから電話をかけて音を撮る方向に。音やメールで。つまり音声や文字での証拠がほしいと。

――「こんな映画に出てしまえば、後でスガから何を言われるかわからない」。おそらく「ガネーシャの会」の議員たちが調整・忖度して「この映画には出ないでおこう」と決めたんでしょうね。

内山　そんな感じです。ホテルやケーキ屋さんなどは「変に関わると損するかもしれない」と考えたのでしょうね。

政治家らしい政治家がいなくなった

――そんな取材拒否のシーンから映画が始まるわけですが、非常に面白いなと思ったのが、途中でスガを称して「値下げの政治家」と定義づけたシーンでした。

内山　これは元朝日新聞政治部記者で、今はジャーナリストの鮫島浩さんの言葉です。大変おもしろい表現だなと思いました。人気取りのための政策がすごく多い印象があったのですが、鮫島さんは「人気取りの政策というよりは、値下げの政策だ」と喝破されまして。

――携帯電話の値下げとかね。

内山　ＮＨＫの受信料を下げたり、アクアラインの通行料を下げたり。確かに値下げは「うわー、よかった。ありがとう」となりますよ。この分かりやすさこそ、彼の手法。分かりやすいのは逆に危険です。アクアラインの値下げはまぁいいと思います。しかし単純に値下げすればいいかと言うと、それはまた少し違う。いろんな人の証言を聞いていると、彼には長期スパンの計画性とか、国家観とか、この国をどういう風にグランドデザインしたいんだとか、この手の話はほぼない。映画に出演されたみなさんはそうおっしゃるし、私もそう感じます。

――例えば携帯電話。確かに値下げは嬉しいけれど、むしろ本来議論すべきは消費税をどうするか、軍事費をどうするのか、この大きなテーマに取り組まないといけないのに、何か「その辺の居酒屋のオヤジ」がグチを言ってるみたいな、ちっぽけさを感じますよね。

内山　目先の問題だけ、何となくみんなが納得するだろうと。その意味ではナメられてるんですよ、国民が。

――日米関係や安保法制、台頭する中国とどう向き合うのか、などに取り組むのが総理大臣のはずなのに。

内山　そう、大きなテーマは一切なし。スガ政権の1年間、大きなテーマほとんど何の進捗もなし。

――むしろアベの方が「日本を戦争できる国にする」と、右翼的な国家観を持ってましたね、危険な思想ですが。それと比べてもスガは思想なしのスカスカな人だと。

内山　そうです。目先だけで「やってる感」を出すだけ。もともと彼の頭の中は「地方県議会止まり」。町内会レベルのおじさん。あるいは事務方の人。そんな器の方だったんじゃないかな。

――権力闘争で、つまり恐怖人事や闇の金＝内閣官房機密費でのし上がった結果、総理になれただけ。

内山　権力の執着はとても強く、官僚やマスコミに圧力をかけ、87億円という領収書のいらない内閣官房機密費を実弾として使っていた、という話が映画でも出てきます。

――スガを知っている与党の政治家たちにもインタビューされてました。実際にカメラを回していて、どんな感想を持ちましたか？

内山　政治家で言うとまずは石破茂さん。先ほどの話と関連するのですが、政治家には結構断られていて、古賀茂明さんがなんとか仲を取り持ってくれて、石破さんのインタビューが実現しました。石破さんは「スガさんの話をするんだったら、いいよ」と。結構口が重い感じのイメージがあるじゃないですか。

――はい、少しヌーボーとした感じで（笑）

内山　マイクを向けて石破さんの心の中で起きていることを、ゆっくり時間をかけて聞いていくと、

「心中は穏やかではないんだな」「苦渋の中におられたんだなー」と感じました。

――ずっと踏みつけられていました、アベ、スガに。

内山　かつて自民党が野党に転落してまた復活する時には、石破さんが幹事長で幹事長代行がスガさん。そして総理にアベさん。この3人で選挙に勝った時に、「抱きつくかのように、涙を流さんばかりに熱い想いで握手したんだ」という思い出を語ってました。

――2012年の年末。自民圧勝でしたね。

内山　その場面は映画には使わなかったんですが、この話を聞きながら、「あー、そこまで深い関係だったんだ」と思いました。同時にスガさんへの感情の変化ですね、石破さんは「あの人はあまりモノを考えない人、つまり見えにくい人だから、逆に怖いよ」とある意味、意外な「石破像」「石破さんから見たスガ像」が出てきて、これは面白いなと思いました。同時に自分自身の苦渋も。「今の自民党はあまりにも国会を軽視している。議員としての矜持が欠けているんだ。これは小選挙区制の問題でもある」と語った後に「自分たちが若い頃に小選挙区制を推進した結果がこれだ」。反省を込めて「ずっと苦しい思いをしている」と。自分が小選挙区制に加担してしまい、その結果、(アベの力が強まり)小選挙区制に押し出されてしまったことに対する苦しさが、石破さんからにじみ出ているように感じました。あと村上誠一郎さん。もともと自民党の中の異端児でしたが話していて、「この人は本物の政治家だな」と感じました。考えていることが一貫しているんです。

――スガとは真逆。国家観があって、肝が座っている。

内山　そうです。地元にもしっかり向き合っています。だから今の自民党が正論を言わなくなったこと、仮に誰かが正論を言ったとしても議論さえ起こさないこと、何という自民党の失墜なんだ、と。

――映画に出てきた石破茂さん、村上誠一郎さんは、逆に今の自民党の中では浮いてしまう。

内山 そうなんです。浮いているし、異端になった。でもこれは石破さんや村上さんが変わったのではなく、自民党の中枢が劣化した。つまり永田町から、どんどん離れて地方に行けば行くほど、自民党はまともになる。その結果、昔からいる自民党の職員なんかは「いやー、村上先生のおっしゃることが本当なんです。正しいんです」と、ちゃんと言うらしい。

――アベ周辺、スガ周辺しか通らない永田町だけの理屈が大手を振って歩いている。

内山 それだけが蠢いている。しかもその周りの官僚たち、霞が関もどんどん怯えておかしくなってしまった。結果として古株の自民党の職員たちは、「いやー、早く何とかしてほしいですねー」(笑)。こういう忸怩たる思いがインタビュー中にあふれてきて、とうとう村上さんは涙しながら答えてくれる。私も思わずもらい泣きしましたよ。

――昔の自民党はまだまともでしたよ。

内山 昔も「ワイロがどうした」とかありましたが、政治家として芯が通っていましたね。

――汚職もあったし中央に反旗を翻しても、中選挙区なのでそれなりにみんな当選できましたからね。

内山 党よりも 個人の政治家が強かった。

――個人は、いわゆる「良質な保守」。地元に土着しているから、「農業をつぶされたら困る」「消費税はダメだ」となりますよ。

内山　政治家らしい政治家が、自民党にはいなくなっている。

「選挙に行ってくれ」という思いで

――逆に野党を取材されてどうでしたか？

内山　例えば立憲民主党代表代行の江田憲司さん。言ってることは正しいと思うし、分かりやすい。ただ「野党はテレビに出られないから」と。しかし「選挙にさえなれば、変わる」と信じてる。「テレビも平等に扱うだろうから、自分たちの言葉を聞いてもらえさえすれば自分たち自民党に負けない政策を提案して勝てるんだ」とおっしゃるのですが、「いや。そう簡単には届かないだろ」って聞きながら思いました。

――「それで何回負けてきたんや」って話。

内山　政策を言わせてくれれば、マスコミが等しく報道してくれれば、ちゃんと通るから大丈夫だ、と。「いやいや、それだけじゃぁまた難しいだろ」と思っているんです、私は。

――映画では江田さんの話も出ていましたが、共産党の小池晃さんのインタビューも。あれ、分かりやすかったです。

内山　ちょうど国会質疑が終わった後に国会にある共産党の部屋で話を聞いたんです。小池さんは考えていることがストレートだし庶民の感覚なので、インタビューしていても気持ちよかったですよ。

――内閣官房機密費のことも取り上げていました。

内山　あれは偶然撮れたんです。何を尋ねるか、ネタをあまり用意してなかったんですが、小池さんの素が出たというか「いやぁ、これ本当に不思議だよね」と気さくに問題点を解説してもらいました。

――今回の総選挙では野党4党、立憲、共産、社民とれいわが共闘することになりました。そしてこの映画が静かにヒットしている。私は今回の選挙、ちょっと希望が見えてきたのかな、と感じています。

内山　私はものすごく期待しています。もっと共闘を進めてほしいし、軸を固めてほしい。そして野党同士での不和や行き違いをなるべく見えないようにもしてほしい。ただ、政治素人の私からみて、「もう少し届くもの」が欲しい。9月のマスコミは総裁選一色になっちゃったでしょ。

――電波ジャック状態でした。

内山　野党の方も、何かしらの花火みたいな、話題を引きつけるものが必要ではないか。真面目な政策論だけではなくて、若い世代にも響く分かりやすい訴えかけを、チームを組んでやれないものか、と。

――有権者の心に届くような言葉ですね。

内山　言葉もそうだし、何かしらのイベントめいたもの。打ち上げ花火みたいな。あるいは「この人物をフューチャーするぞ」と面白いキャスティングしてみるとか、（野党の方に）話題がない感じ。「もう少し選挙を面白くしてくれないか」と思います。そうすれば話題になりいろんな世代の注目も上がってくるので。

――選挙になると、激しい政策論争になります。有権者からすると「難しそうだな」「どっちもどっちだな」となって、やっぱり投票するのやめとこか、と。

内山　この映画も「野党に入れてくれ」ではなく「選挙に行ってくれ」という思いで制作したのです。

――その点、れいわ新撰組の山本太郎さんは街頭ですごい人だかりのパフォーマンスをやったり、党首としての政見放送で「みなさん、生きづらくないですか?」とソフトに語りかけたり、参考になりますね。

内山　なりますね。そういう形の草の根、口コミで広げていくのもいいですし、メディアが何らかの形で載っけたくなるもの、アイデアを考えてほしい。

――例えば選挙フェス。選挙をもっと楽しもうぜ。音楽あり、大道芸あり、露店あり。

内山　変な会場めいたところよりも、わざとプロレスのリングのようにして。両サイドから出てきて、戦うのかタッグを組むのか議論してね。こんなエンターテインメント性が必要なのではないか。バカバカしいけど、なんか盛り上がってるなーと。

――ちょっと今までの選挙と違うな、と感じてもらうことって大切ですね。

内山　ツイッターに書いたのですが、「野党アベンジャーズ」なんていいのでは?　ちょっとしたコスプレくらいして、筋肉モリモリのキャラで訴えるとか、辻元さんなんか、やたらとキレイなドレスで。

――ゴレンジャーのピンク（笑）

内山　そんなキャラが向き合ってるポスター（笑）。ちょっとバカバカしくていいなー。

――森友ゴーストバスターズとか（笑）

内山　ただ敵は自民党ではなく、不正だ！　コロナだ！　貧困だ！　見えていないものが敵なんだ！と。

――国会軽視とかね。

内山　そういうことです。別に党が敵ではなく、そんな風潮、不公正が敵である、みたいな分かりやすいポスター。話題になったり、みんなが貼りたくなるようなもの。

本来はテレビがやるべき仕事

――映画の話に戻ります。欧米では大統領や首相を批評したり風刺したりが大手メディアの役割で、例えばトランプ前大統領をバッサリ笑い飛ばすようなバラエティーショーが普通に放送されています。監督は映画という手法でこれをやられたのですが、本来は日本でも大手メディアがやるべき仕事ではないですか？

内山　そう思います。私はずっとテレビの世界にいましたので、昔だったら間違いなくテレビでやってた内容だと思っています。

――昔は、例えばテレビ朝日の「ニュースステーション」などで、バンバンやってましたよね。

内山　この映画は通常の制作期間に比べ、驚くほど短い。制作期間は半年くらいです。元々僕の所に話が来た11月には翌年7月末オリンピック直後の上映が決まってましたから。かなり無茶なオファーだったのです。

——確か8カ月前、前川喜平さんとの対談を、スタジオにカメラを入れて撮影してもらったのでした。

内山　そう、あれは21年1月だったかな。あの頃から撮影して4月、5月で編集。映画のスパンというよりテレビのスパンで作ったんです。しかし映画にしないとダメ。今のテレビでは間違いなく放送できないから。

——そりゃ、これをテレビで流したらすぐに放送禁止になりますよ。絶対つぶされてしまう。

内山　でもそこがおかしい。放送禁止の内容ではないですよ。危ない表現も変な言葉が出るわけでもないし、そこは丁寧に作りましたから。デマとか大げさな表現とか、何もしてないので。

——確かに証言を並べて、マンガを流して。それは表現の自由ですからね。

内山　過去の映像も、その人がしゃべった内容をそのまま流しただけ。

——それも国会の映像、答弁ですからね。

内山　そう、国会答弁や記者会見での映像。くどくどと何回も使ったので（笑）、そこが笑いを取っているのですが、あくまで事実を並べただけ。証言者についても、実害を受けた方が「官邸からこんな電話がかかって来て、圧力を受けたよ」としゃべってるだけ。つまり本来ならばテレビで十分流せる内容ですし、流すべきだと思います。

——アベスガ政権の、特にスガ官房長官時代に、テレビにものすごい圧力がかかった。だからテレビ局の上層部は、この映画のようなものは企画の段階でつぶしてしまう。

内山　企画の段階よりも前に、もう発想すらしなくなっています。

――そうか、現場がハナから「無理だ」と思っているから。

内山　さすがにそのテレビでも「スガ政権の1年を総括するべきだ」という声が出てきたんでしょう、最近番組を確認してましたが、ほとんどコロナ対策が失敗したことばかり。

――オリンピックを強行したことについても、その総括をするべきです。

内山　日本学術会議の任命拒否もあったし、総務省の接待問題も。政治家の失言や緊急事態宣言下の銀座クラブ通いなどもあった。これら、ほぼ何も取り上げないまま。

――野党が憲法53条に基づいて「国会を開け」と要求しても開かなかった。これも大問題ですよ、早急にコロナ対策の議論をしなくちゃいけなかったのに。

内山　原発の汚染水を海へ、という問題もあったでしょ。

――1キロほどトンネル作って外へ流す、って言ってましたよ。

内山　いろんなことがあったのに「コロナで終わっちゃった」という感じ。つまりテレビは全く検証しなくなったんです。

――だから「映画」？

内山　はい。付け加えるなら「スガさんが降りたよ」となってからもお客さんが増えた。それは今までのテレビだったら「スガさん辞任の裏で、こんな映画がヒットしてますよ」とニュースにするだろうと思うんです、ある種の珍現象ですから。でも、それさえもしない。

――普通は映画が封切られたら、ワイドショーなどで「こんな映画が始まりましたよ」と報じますよね。

内山　そうです。たとえ最初のうちは忖度して静観していたとしても、もう辞めているわけですから「スガ辞任の一つのキッカケがこの映画だったのか？」とか「辞めてからも観客が増えています」などニュース性があるので、報道するべきだったと思いますよ。

――支持率が2割台になっても、まだテレビは忖度する。

内山　「ニュースだろ、これは」と思ってましたが、全く無視されました。

――ちなみに、内山監督はテレビには一切呼ばれなかった？

内山　全然呼ばれませんでした。ラジオではいくつも呼んでもらえましたが。

――テレビではスタジオにも呼ばれず。新聞はどうでした？　記事になった？

内山　いくつかの新聞は記事にしてくれました。地方紙も大手も。しかし政府系の、右寄り新聞は全く無視でした。

カネと人事だけで、権力をつかんだ

――映画の中に「アベスガ政権の闇は、内閣官房機密費ではないか」というシーンが出てくるんですが、これを撮影・編集しながらどう思われていましたか？　この「つかみ金の問題」について。

内山　これは「しんぶん赤旗」がスクープしたんです。しかし他の新聞社は、後追い取材を一切やらなかったんです。出てもほんのちょっとだけ、ほとんどなし。

――何で特ダネを追わない？　記者クラブに入っている大手新聞社は、クラブに入っていない赤旗に抜かれたので「嫉妬」みたいなのがあったのかな？

内山　そこも不思議な話で、官房機密費のうちの約87億円が、つまり1日307万円の…。

――掛ける2822日。

内山　307万円って人によっては年収ですよ。これが毎日バンバン使われていく。

――それも領収書なしで。

内山　20年秋、告示からわずか16日間の総裁選挙で約4千万円が消えている。

――自分の当選のために使った？

内山　そうとしか思えない。

――これがスガ圧勝の一因かも。

内山　実際に共産党の事務所で小池さんを撮影している時に、いろんな資料を見せてもらったんです。官房機密費は要するに国が表に出せない案件、例えば外交の秘密、人質の解放交渉で秘密裏に使う費用の名目で「領収書は要らない」となっている。こっそりやらないといけない、国の存亡にかかるような案件では、それも仕方のないことでしょう。しかし総裁選の期間で、全くそんなことはなかった。

――なかった、なかった。北朝鮮もアフガンも大きな動きはなかったよ。

内山　しかも共産党のチームがその間のスガさんのスケジュールを調べていて、ほとんどテレビ出演、取材、テレビ出演…。どのタイミングで「国の存亡に関わる機密案件」があったのか。ずっとテレビに出ていただけじゃないか（笑）。こんなことをやってる間に4千万が消えています。どう見ても「実弾」として、票を買い占めていったんでしょ、としか思えないですよ、これは。

——4千万円ということは河井克行事件よりもたくさん「実弾」を配ったことになる？

内山　しかも出元が税金でしょ。なんじゃこれ？って感じ。

——やはりカネを握ってるヤツが強い。拙著で私はスガを「ポンコツ総理」と規定したのですが、あんな風に目が泳いでいて、官僚の書いた原稿も読めない。それもノリが付いてて2ページ飛ばして読んだり（笑）してましたが、こんな人物がトップに登りつめたのは、このカネの力が一番大きかったと考えているんです。

内山　大きいと思います。官房長官の時に自分の金庫がどんどんふくらんでいくのですから。

——それで子飼いを増やしていく。政治家、官僚、御用ジャーナリスト。

内山　子飼いが集まってくる中で人事権の使い方も覚えて、どういう風に人事権を使うと、その人が動けなくなって、自分の部下になっていくか、を学んだ。カネと人事だけで、権力をつかんだ。

——ナンバー2が杉田和博という元警察庁長官で、情報を握っている人物。同じく警察上がりの北村滋という人物もいました、彼は今回も「大活躍」してますが。スキャンダル情報を握って脅迫とカネで、つまりアメとムチで上がっていった。

内山　映画では、政府広報のお写真を元に、彼らのお姿をご紹介しています（笑）

試写会当日、ツイッターアカウントが停止

——20年に映画「新聞記者」がヒットしました。これはアベ政権をバサッと斬った内容だった。続い

てこの「パンケーキを毒見する」はスガ政権を、分かりやすく見事に斬り捨てた。でも、なぜか映画宣伝のためのツイッターアカウントが停止になりましたね。

内山　映画公開前に試写会をやりました。新聞・テレビの記者向け公式発表です。そしたらその日の晩に公式アカウントが凍結。今は使えません、となってました。

――それは21年6月？

内山　6月末です。

――7月から一般公開なので一番大事な時ですね。

内山　これからやります！という時に凍結。私はツイッターに詳しくなかったので「凍結？　機械のトラブルですか？」（苦笑）。その直後に「スターサンズ」という映画のプロデューススチームが「実は『新聞記者』の時にも急にツイッターが凍結したんです」と。

――えっ、「新聞記者」でも同じことが？

内山　そうそう。となると、これは意図的なものじゃないか、と思いますよね。どちらも政権に対して揶揄している映画。「これだけ執拗に狙ってくるんだ」ということで、むしろ「凍結したぞ！」と、わぁーッと注目が集まりまして、逆に盛り上がった（笑）のですが。

――宣伝してくれた（笑）。でも結果オーライと喜んではいられない。これ、メッチャ危ない。言論の自由、表現の自由が脅かされている。政権がツイッター社に圧力をかけたのかな？

内山　あるいはツイッター社自体がそういう組織なのか。

――日本ツイッター社ですね。

内山　アメリカのツイッター社は逆に、トランプ大統領（当時）のツイートを凍結するくらいバランスある措置を取るんですが、日本の場合は「政権に対してのみ、すごく忖度する組織」なのではないか。

――政権から圧力がかかる前に、日本ツイッター社が自主判断した可能性もある。

内山　「どうして凍結するのか？」と内容証明で文書を送っても、日本ツイッター社は木で鼻をくくったような回答。「いや、機械のトラブルです」みたいな。いやいや、それはないだろ。なぜ狙ったように急に凍結？　それも公開直前に。

――「新聞記者」でも同様のことをやっているし。

内山　ただこればかりは推論なので、ツイッター社の問題なのか、あるいはそこに攻撃をかけた別の集団がいるのか。この集団がわざと機械トラブルを起こさせた、とも考えられるんです。

自民党はある種の「るつぼ」の世界

――真相はわからないけれどアカウント停止は事実。しかし怪我の功名で観客は増加。さてそんな中で主役のスガーリンが逃げて、総裁選挙になりました。

内山　候補者がどうこうよりも、マスコミの対応ですよ。大手メディアのスタンスが去年の総裁選とまったく変わらない。岸田さんや河野さんが画面にバンバン出てきて、彼らの意見を垂れ流していく。きっとこの後も「好きなものは何？」とパンケーキに変わるプリンが出てきたり（笑）

――安倍川もちとか（笑）

内山　そんなどーでもいい取材が続く。そしてちょっと素敵なイメージが作られる。このバカさ加減。去年と一緒のことをまたやるわけ？

――東京オリンピックでも始まるまでは「中止すべき」「7割が反対している」などと、反対世論も報道していましたが、始まったっ途端「〇〇が金メダル！」ばかり。

内山　そう、ひどかった。これは第二次世界大戦の開戦、真珠湾攻撃時の雰囲気によく似ているそうです。開戦前まで「とにかく戦場に行くべきじゃない」と言ってたのに、いざ戦争が始まって、少しだけ真珠湾で勝ったので「いいぞ、行け行け」と一気に世論が好戦化する。あの時とすごく似ている。

――群集心理をうまくつかんでね。

内山　例えば河野太郎さん。記者会見で傲岸不遜な態度を見せていました。記者の質問にまったく答えず、「はい、次の質問どうぞ」。こんな映像はいくらでもあるのに、どこも流そうとしない。

――「ワクチンが足りない」ことをゴールデンウィーク前に知っていながらずっと黙っていた、とかね。

内山　いろんなマイナスポイントが、例えば高市早苗さんにもいろんな映像があります。

――ナチス的な思想の持ち主やからね。

内山　テレビ局に対して「電波を止めてしまうわよ」とも脅しました。

――総務大臣の時にね。

内山　この人に任せたら大変だぞ、と一目で分かる映像がある。岸田文雄さんは地味な感じなのであまりネタがないのかもしれませんが。

――河野、高市にはたくさんある。

内山　こうしたものを「今こそ等しく流す」という姿勢が全くありません。メディアがこうしたことを検証しないのは怖いことです。

――忘れてはいけないのは、消費税の税率を上げる時も共謀罪も、安保法制を強行採決する時も、あの4人はすべてアベスガの側にいたことですよね。今さら「新自由主義は限界だ」「成長と分配だ」などと言われても「あんたら、ずっとアベノミクスを肯定して格差と貧困を広げてきたやないか」「1%の大金持ちの側に行ってたやないか」ということでしょ。

内山　誰になっても一緒。森友も調査しない、不正を正す気は一切ない。

――アベ、麻生の軍門に下ってます。

内山　特に河野さん。「あーもう、そっちへ行ったのか」という感じ。

――岸田も河野も三世議員でボンボン育ち。今までも権力の中にいた人たちで庶民の暮らしは見えていないのでしょう。

内山　自民党がある種の「るつぼ」の世界。いったん入り込むと逃げきれないのでしょう。

有権者は羊ではない

――映画の中で、自民党のことを「ウソをついても平気な人たち」「そうならないと政治家になれない」と言ってました。この総裁選挙が終われば、すぐに総選挙です。政権交代の展望は？

内山　今回の映画は自民党を批判するものではありません。とにかく選挙に行くべきなんだ、と訴えるもの。国のあり方に気が付いて、自分たちで選ぶべきだよ、と。映画を観ていただいたみなさんからは「やはり選挙に行くべきだ」という声が上がっています。結果はどうなるかわからないけど、選挙に行って投票率を7割でも8割でも引き上げたいと。今は5割ですから。

——半分が棄権してます。

内山　半分行かない内の、そのまた半分、全体の3割の人たちだけで物事が決まる。そしてこれが全て妥当だと思われています。「いや違うぞ、たった3割だぞ」とね。例えば40人のクラスで10人くらいしか選んでいない人が一番偉くなっている、これがいまの日本。投票率が上がって、なおかつ自民党が勝つのならば、「それはもう仕方ないか」となりますが(苦笑)

——投票率が上がったら、さすがにお灸を据えてやろうと思う人が行くので、野党が勝つと思うんです。映画のアニメで悪い羊飼いが出てきます。従順な羊がエサが足らなくなって、寒くなってバタバタと倒れて行く。これ、羊になっているんじゃないか、有権者が。

内山　ほとんど羊です。当初あのアニメは「このまま死んでいくだけでいいのか?・」というエンディングだったのですが、これではあまりにも夢がなさすぎる(笑)。もう一度羊が目を覚まして、その羊飼いを襲うという終わり方をしているのです。みなさんの気付きに期待したい。野党の踏ん張りが大切なのですが、「野党は頼りない」という偏見に凝り固まってる部分もあると思うんです。スタンスとして野党は決しておかしなことはやっていません。ただアピールは足りていない。普通のやり方ではくつがえすエネルギーは出て来ないでしょう。マスコミにスクラム組まれちゃってますから。野党こそ、もう少し面白がらせる何かが必要。そうすれば気付く人が増えてきて事態は変わるんじゃないか。

――マスコミの罪は大きい。例えば森友問題で野党が追及していても、「いつまでやってるんだ」。でも公文書の改ざんという民主主義の破壊行為を追及しなくてどうする?

内山　私たちの政治不信、メディア不信の背景には、「ウソにウソを重ね続けてきた」結果、途中からどれがウソでどれが本当か分からなくなり、ついには忘れ去られてしまった、ということがあります。

――そもそもウソついたやつが一番悪いわけで、その責任の追及ですからね。曖昧にはできない。

内山　しかもそのウソは、私たちの生活に無関係ではない。一部の人のために無駄な税金が使われているのですから。これでは不公平がいくらでも広がってしまいます。政権に近い人たちだけが得をするという構図をずっと許してしまうことにもなる。今回のコロナでもさっきの杉田官房副長官だけが、さっと病院に入れたりしてる。

――そうそう。

内山　このオヤジにも自宅療養させろよ、となるはずなのに、権力者はさっと入院できてしまう。

――橋下徹も平熱なのに自分だけPCR検査を受けてたね。

内山　この身内に偏重した政治の結果、格差社会を超えて、今や階級社会になっている。

――いわゆる上級国民というヤツ。羊飼いだけが暖かいところでビフテキを食べている。

内山　この社会の構造に、みんなが気付いてほしい。

戦時下と変わらないマスメディア

――最後に一言。

内山　大本営発表ですね、戦時下でメディアが軍のウソ情報を垂れ流していた時代がずっとあって。

――日本は勝ってる、勝ってる。最後はカミカゼが吹く。

内山　あの時代と空気が同じ。政権が垂れ流そうとしているものをそのままメディアが垂れ流す。新聞社がオリンピックのスポンサーになって、テレビで一緒に盛り上がった時の、このおかしな空気って何なんだ。そしてオリンピックによって感染が急拡大して何と自宅療養という名の見殺し政策を取った。国民の命を犠牲にしてまでやりたかったことは、結局「スガ政権を守り、浮上させる」でした。これにマスコミが加担している。みんなが薄々感じ始めている政権の戦略に、まだメディアがぶら下がっている。メディアは自分たちがズブズブにはまり込んでいることに気づきもしないし、残念ながらまだメディアに騙されている有権者も多い。これは戦時下と変わらない状態。

――真珠湾攻撃の後、新聞がたくさん売れたらしいですね。自分の夫や愛する人がどうなっているのか、知りたいので。オリンピックも強行すれば新聞が売れる、テレビの視聴率が上がる。同じ構図。儲かればそれでいい。

内山　そういうことにいつまで目をつぶってしまうのか。これも映画で伝えたかったことです。メディアの功罪ですね。それとデータを示しながら日本の危機的状況を。「えっ、こんなに落ち込んでしまったの？　もう先進国じゃなくねぇ？」と恐ろしく感じるはずです。

――はい、リスナーのみなさん。映画は地方で上映していますので、インターネットで検索してもらえれば上映館が出てきます。観ていただければ「選挙に行こう」となります。友人知人、ご家族の方と一緒に観に行きましょう。

内山　若い世代の中学生、いや小学校高学年から観てもらっても大丈夫、理解できると思います。

――まだまだお話を続けたいのですが、ここで時間になりました。今日はありがとうございました。

内山　ありがとうございました。

この対談は2021年9月14日に行われました。

おわりに

21年11月6日、新聞うずみ火主催の講演会に参加した。講師は大阪市立木川南小学校の久保敬校長。現役の校長先生が大阪市・松井一郎市長に異例の提言を行なった。「豊かな学校文化を取り戻し、学び合う学校にするために」。久保校長が止むに止まれず、この提言を行なった背景には、松井市長の「思いつきテレビ記者会見」がある。どういうことか？

同年4月、コロナ感染爆発を受けて松井は「大阪市の小学校は1、2時間目は自宅でオンライン学習。3、4時間目は登校して給食。すぐに帰宅して5、6時間目はまたオンラインで授業を受けなさい」と発表した。おそらく「名案を思いついた」「これはテレビで受ける」とでも考えたのだろう。しかし現場はこれで大混乱する。そもそも自宅にネット環境がない家庭はどうする？　小学校低学年は、タブレット端末を持たされても使い方が分からないのでは？　集団登校の地域見守り隊になんて言ったらいいの？……。アホである。久保校長の木川南小学校に割り当てられたＷｉＦｉのルーターはわずか4台だった。これでは足らない、ネットで授業を受けられない子が出てしまう。困った校長が「ルーターの数を増やしてください」。大阪市教育委員会にお願いすると「足らないのはお宅の学校だけではありません」。その後ルーターの再配分が行われて、4台が2台に削られてしまう。

久保校長は自主判断でこの松井提案を却下して「全員の通常登校」を選択する。保護者や児童たちから「先生、ありがとう」の声が届く。一方、久保校長による現場からの提言を受けた松井は久保校長を処分する。さすがにやりすぎだろう、という声が高まり処分は「文書戒告」に止まった。処分理由は「信用失墜行為を行った」。おいおい待ってくれよ、現場を混乱させたのは松井やないの。まともな提言を出せば、異常な市長が怒り狂って処分される？　これでは多くの先生は声を上げられない。そんな恐怖政治を断行するのが維新で、その維新が議席を増やしてしまった。

前著『ポンコツ総理　スガーリンの正体』は、スガ政治を終わらせることに主眼を置いて書いたものだが、「維新は自民より怖い」のだ。ヒトラーが出てきた時「あんなヤツ、すぐに退陣するよ」とたかをくっていた政治家たち。しかし国民は熱狂し、誰も手がつけられなくなって、やがて破滅。これは日本も同じ。満州事変が日本のでっち上げと知らされていない国民は、関東軍の進撃に熱狂した。この熱狂をあおったのがメディアだった。本書が世に出て半年が経てば、22年参議院選挙だ。カギは投票率。上がらないと維新が伸びる。時間は限られている。それぞれの地域で野党共闘の力を伸ばそう、そして投票に行ってもらおう。

最後に超急ピッチで本書を編集していただいた日本機関紙出版センターの丸尾忠義さん、維新のリストラをわかりやすい図表にまとめていただいた井上伸さん、「路上のラジオ」スタッフの山本索さん、そして何より忙しい中にも関わらず快く対談に応じていただいた7名の対談者のみなさんに感謝を申し上げて、ひとまずここで筆を置くことにする。

２０２１年11月　寒い冬の到来、アフガニスタンの難民たちを案じながら

西谷文和

【著者紹介】

西谷文和（にしたにふみかず）

1960年京都市生まれ。大阪市立大学経済学部卒業後、吹田市役所勤務を経て、現在フリージャーナリスト、イラクの子どもを救う会代表。

2006年度「平和共同ジャーナリスト大賞」受賞。テレビ朝日「報道ステーション」、朝日放送「キャスト」、ラジオ関西「ばんばんのラジオでショー」日本テレビ「ニュースevery」などで戦争の悲惨さを伝えている。

西谷文和「路上のラジオ」を主宰。

主著に『ポンコツ総理スガーリンの正体』（日本機関紙出版センター、2021年）、『安倍、菅、維新。8年間のウソを暴く』（同、2020年）、『西谷流地球の歩き方上・下』（かもがわ出版、2019年・20年）、『戦争はウソから始まる』（日本機関紙出版センター、2018年）、『「テロとの戦い」を疑え』（かもがわ出版、2017年）、『戦争のリアルと安保法制のウソ』（日本機関紙出版センター、2015年）、『後藤さんを救えなかったか』（第三書館、2015年）など。

自公の罪 維新の毒　次こそ政権交代。7つの解毒剤

2021年12月20日　初版第1刷発行
2022年4月20日　初版第2刷発行

著　者　西谷文和
発行者　坂手崇保
発行所　日本機関紙出版センター
〒553-0006　大阪市福島区吉野3-2-35
TEL 06-6465-1254　FAX 06-6465-1255
http://kikanshi-book.com/
hon@nike.eonet.ne.jp
編集　丸尾忠義
本文組版　Third
印刷製本　シナノパブリッシングプレス

ISBN978-4-88900-266-9